청소년을 위한 사회학 수업

십대들이 알아야 할
교실 밖 세상 이야기

청소년을 위한
사회학 수업

SOCIOLOGY

사회학적 사고로
비판적 상상력
키우기

정선렬 지음

행;북

사회 공부는 왜 재미가 없을까?

지난 2015년부터 학생들과 함께 사회 공부를 해온지도 어느덧 8년의 시간이 흘렀다. 오늘도 하루하루 새로운 공부를 하면서 아이들이 주는 여러 가르침을 배우며 함께 살아가는 것을 보면, 사회는 꽤나 많은 가르침을 주는 공간이다.

사회 공부의 즐거움

여느 사회 선생님과 마찬가지로 나 역시 학창 시절에 사회 공부를 무척 좋아했다. 중학교 때 처음 배운 수요–공급 곡선을 보면서 세상의 모든 시장 메커니즘에 대해 다 설명할 수 있을 것 같은 자신감에 빠졌었고 50여 년 전 매일 걷던 길에서 이웃 고등학교의 신입생이 부정선거 반대 시위를 하다 최루탄에 맞아 꽃다운 나이에 숨을 거두었다는 이야기에는 가슴이 먹먹해진 적도 있다. 민사상 불법행위, 대한항공 801편 추락 사고와 그

유족들의 상속 분쟁, 형법상 위법성조각사유$^{(違法性阻却事由)}$ 등을 배울 땐 법조인이 되면 재미있겠다는 철없는 상상을 하기도 했다.

청계천 평화광장에서 동생들과 동료들을 위해 「근로기준법」을 탐독하면서 공부하다가 그 자신이 「근로기준법」이 되는 길을 선택한 전태일 형님의 이야기를 읽을 땐 나도 더 좋은 세상을 만들어야겠다는 꿈을 마음 속 한 켠에 키웠다. 현실주의와 자유주의 외교 정책을 배울 땐 유능한 외교관이나 군인이 될 수 있을 것 같았다. 민주주의와 사회 구조를 배울 땐 교과서에서 배운 자유나 능동적 시민의 모습과 달리 선생님들은 왜 학생들을 교실에 가둬 둔 채 자율학습을 빙자한 강제학습을 시키느냐며 비판하기도 했다.

나에게 사회학은 세상을 바라보는 눈을 키워주는 인생의 선배였고 수험 스트레스를 풀게 해주는 휴식처였다. 클래식 음악 전공을 고민했던 내가 음악을 포기하고 아이들과 사회 이야기를 나눌 수 있는 사회 교사를 선택한 것에는 사회학 공부가 너무나 즐거웠던 학창 시절의 경험이 큰 영향을 주었다.

학생들에게 사회학이 지루한 이유

학생들과 공부하다 보면 '사회 공부가 너무 어렵다'는 말을 종종 듣는다. 성인이 된 후에도 많은 사람들은 사회 공부가 어렵다는 생각을 종종 할 것이다. 세상에 쉬운 공부가 어디 있겠는가? 세상 모든 일은 우리가 '배운' 대로 흘러가지 않고 교과서 속 이야기들은 우리가 '평소' 쓰는 표현이나 사고 방식과 다른 게 사실이다.

재밌는 것은 그런데 사회 공부가 어렵다는 친구들에게 그 이유를 물어보면 보통 "사회 과목은 외울 게 너무 많아서 힘들고 하기 싫어요"라고 대답한다는 사실이다. 용어가 어렵거나 현실과 달라서 어렵다고 이야기하는 경우는 드물다. 사회를 가르치는 교사로서 부끄럽고 더 많이 노력해야겠다고 다짐하게 되는 부분이다. 앞으로 학생들이 사회 과목을 원리를 이해하고 사례에 적용하는 과목으로 생각하는 날이 오기를, 또 나를 포함한 많은 사회과 교사들이 함께 이 목표를 이뤄 나가기를 간절히 바란다.

사회학은 사회 구조가 어떻게 생겼는지, 그리고 그 속에서 개인의 행위가 어떻게 형성되고 나타나는지 설명하는 학문이다. 사회 속 불평등이 개인의 행동을 어떤 형태로 결정짓는지, 우리는 왜 지하철에서 마주친 바로 앞 사람의 시선을 애써 외면하는지, 도시에서는 엘리베이터에 함께 탄 아랫집, 윗집, 옆집 사람들 사이에 눈을 마주치는 시간이 왜 0.5초도 되지 않는지, 반대로 시골에서는 왜 옆집 숟가락 개수까지 파악하고 있는 걸 자연스럽게 받아들이는지, 세대마다 사적 생활과 공적 생활의 경계선을 다르게 생각하는지 등 사람들은 다양한 상황 속에서 각기 다른 행동 양식을 선택하고 실천한다. 이렇게 행동 양식이 다양하게 나타나는 이유는 사람들이 자신의 행동을 사회의 영향력 속에서 결정하기 때문이다.

사회학은 우리가 살아가는 사회를 이해하는 과정에서 다양하고 새로운 관점을 적용할 것을 요구한다. 이는 사회 현상이 일어나는 이유를 다각도로 분석하기 위해서다. 흥미로울 수 있는 사회 수업을 사람들이 지루해하거나 힘들어하는 이유는 어쩌면 사회 수업에서 사회가 어떤 모습인지 분석하기보다 높은 시험 성적을 위해 암기만 강요당해왔기 때문일지도 모른다.

미래를 예측하는 학문, 사회학

사회과(社會科, social studies) 학습의 큰 축이 암기라는 점은 부정할 수 없다. 학교에서 학생은 시험을 치르고 성적을 받아야 하기 때문이다. 이 책을 읽는 시간만이라도 암기에서 벗어나 사회를 분석하는 상상력을 마음껏 펼쳐 보기 바란다. 다양한 시각으로 사회를 바라보면 우리 사회 속에 산재한 여러 문제를 찾아내고 해결할 수 있는 방법이 보인다. 물론 사회를 더 좋은 모습으로 만들 수 있는 문도 열릴 것이다.

근대 유럽에서는 당시의 사회가 어떤 모습이고 앞으로 어떠한 모습으로 변화할까를 고민하던 사람들이 살롱(Salon)에 모여 이야기를 나누곤 했다. 살롱은 간단한 음식과 함께 커피나 술 등 음료를 나눌 수 있는 사교 클럽 같은 개념이다. 이 책을 읽는 시간이 살롱에 모여 함께 편안하게 이야기하듯 사회학에 얽힌 이야기를 나누는 기회가 되길 바란다. 사회학 · 정치학 · 경제학 · 법학 등 사회 과목을 구성하는 학문들은 세상을 이해하는 눈을 키우고, 과거에 있었던 일을 과학적 방법으로 분석한 후 미래의 일을 예측 · 대비하는 것을 목적으로 한다. 학교를 중심으로 주변에서 일어나는 일상을 사회학의 주요 12가지 주제로 해석하는 이 책을 통해 '사회' 교과의 재미를 찾아가는 시간을 만들었으면 좋겠다. 또 사회를 분석하는 냉철한 눈과 사회를 품어 내는 따뜻한 마음을 함께 공유할 수 있기를 간절히 바란다.

2022년 11월
정선렬

차례

1장

사회학의 눈으로 어떻게
세상을 볼 수 있을까?

사회학자 라이트 밀즈(Charles Wright Mills)는 사회 속에서 일어나는 다양한 현상을 이해하기 위해 '사회학적 상상력'이라는 개념을 만들었다. 사회적 현상의 이면에 담긴 의미를 확인하기 위해 사회적 시각에서 나름의 상상력을 발휘하고 이를 통해 사회 현상을 비판적으로 바라보는 능력이 사회학적 상상력이다.

사회학적 상상력으로 세상 바라보기

미국의 사회학자 밀즈는 인간과 사회, 개인의 일상과 역사, 자아와 세계 사이의 상호작용을 파악하는 정신적 자질을 사회학적 상상력이라 이름 붙였다. 밀즈는 특히 '생활환경 속 개인 문제'와 '사회 구조에 관한 공적 문제'를 구별하는 것을 사회학적 상상력의 핵심이라고 했다. 일상적으로 개인 문제라고 생각하는 것이 사회 구조적 변동과 연관되어 있음을 인식하고, 다양한 환경과 조건 속에서 개인의 문제와 사회 구조적 문제 간의 연관성을 찾아내는 것이 사회학적 상상력이라고 설명했다.

비판사회학회, "사회학의 관심과 사회학적 상상력", 『사회학』(제2판), 한울아카데미, 2020.

학문적으로 표현한 개념은 생각보다 어려우니 우리에게 친숙한 몇 가지 주제를 통해 사회학적 상상력이 실제로 어떻게 실현될 수 있는지 알아보자.

사회학적 상상력 적용하기: 키오스크 주문 시스템

키오스크(kiosk) 시스템은 현대인의 삶 곳곳에 침투해 있다. 현대인이라면 누구나 키오스크를 통해 음료나 음식의 주문, 대중교통 또는 영화나 공연 티켓 발권 등을 해본 경험이 있을 것이다. 사람들은 키오스크를 처음 마주할 때 과연 이걸 어떻게 쓰나 당황하는 경우가 많다. 하지만 키오스크 시스템에 익숙해진 후에는 매장 직원의 도움 없이도 곧잘 주문을 해낸다.

사회학적 상상력을 바탕으로 키오스크 시스템을 분석해 보자. 매일 방문하는 가게가 아닌 처음 방문한 가게에서 키오스크 기계를 만나더라도 우리는 주눅 들거나 당황하지 않고 당당하게 주문에 성공할 수 있다. 왜그럴까? 키오스크의 설명이 너무 친절해서일까? 혹은 우리가 키오스크 사용법을 완벽하게 잘 배워서일까?

키오스크 시스템이 친절하게 구성된 점, 이전에 다른 키오스크를 사용한 경험한 점 등이 모두 우리에게 영향을 끼친다. 사회학적 관점은 우리의 의식 구조 속에 키오스크의 작동 원리와 유사한 사회 운영 시스템이 자리 잡은 결과, 키오스크 주문에 좀 더 쉽게 적응한다고 설명한다. 독일의 철학자이자 사회학자인 막스 베버(Max Weber)는 사회학이 학문으로 자리매김하는 데 지대한 공헌을 했다. 그는 사람들의 의식 구조 속에 자리잡고 있는 이

찰스 라이트 밀스(Charles Wright Mills)는 미국의 사회학자다. 베버, 프로이트, 마르크스 등의 사회과학방법론을 흡수하면서 현대 사회의 분석에 가장 유효한 방법론을 세우려고 했다. 미국 지배계급을 분석한 『파워 엘리트』, 중류계급을 분석한 『화이트 칼라』 등의 저작이 있다.

보이지 않는 키오스크 시스템(혹은 원리)을 '합리성'이라고 설명했다.

미국 사회학자 조지 리처(George Ritzer)는 이 합리성이라는 개념을 좀 더 재미있게 표현했다. 리처는 키오스크 시스템 속에 녹아 있는 합리성이 사회에 정착되고 사회 곳곳으로 확장되는 과정을 '맥도날드화'라고 불렀다. 누구나 안정적으로 키오스크를 사용하는 모습을 통해 우리의 의식 구조에는 보이지 않는 '키오스크 시스템' 또는 '맥도날드 운영식 시스템'이 있음을 확인할 수 있다는 것이다. 우리 삶과 의식 구조 속에 녹아들어 있는 이 '보이지 않는 키오스크'가 어떤 모습인지 구체적으로 확인해 보면 키오스크가 앞으로 우리의 삶과 사회를 어떤 모습으로 바꿔 나갈 것인지 예측하는 것도 충분히 가능하다. 리처는 우리의 의식 속 합리성 시스템이 효율성, 계량 가능성, 예측 가능성, 통제 등 네 가지 원리로 구성되며, 이것이 현대 사회를 구성하는 기본 원리로 자리 잡고 있다고 이야기한다. 맥도날드화에 대해서는 8장에서 상세히 다루도록 하겠다.

비판적 상상력 적용하기: 아메리카노 값 4천 원의 분배 구조

이번에는 사람들이 평소 자주 마시는 커피를 살펴보자. 2022년 기준으로 스타벅스 등 프랜차이즈 커피숍의 아메리카노 가격은 대부분 3,500~5,000원에 형성되어 있다. 누군가에게는 크게 부담되지 않는 가격일 수 있지만, 다른 누군가에게는 한 끼 식사에 상당하는 부담으로 다가올 수 있는 가격이다. 혹자는 커피 한 잔과 함께 잠시 앉아서 쉴 수 있는 공간을 고려하면 아메리카노 한 잔 가격은 적당한 수준이라고 평가하지만, 다른 이들은 커피 한 잔에 들어가는 한 스쿠프의 원두를 생각하면 커피 가격이 지나치게 비싸다고 평가하기도 한다.

10여 년 전만 해도 아메리카노 한 잔 4천 원은 식사 한 끼에 비견된다며 비싸다고 생각하는 사람들이 많았다. 하지만 최근에는 4천 원짜리 아메리카노 정도는 다들 부담 없이 마신다. 과거와 달리 소비자 입장에서 아메리카노 한 잔 4천 원이 살짝 비싸게 느낄 수도 있겠으나 본질적으로 소비를 막을 정도의 가격대는 아니라는 것이다. 매년 커피 소비량이 증가하는 우리나라 소비 행태는 아메리카노 한 잔 4천 원을 부담스러워하지 않는 소비자의 심리가 작용한 결과로 만들어진 것이라 할 수 있다.

관점을 달리하여 소비자가 아닌 커피 생산자의 관점에서 생각해 보자. 커피 한 잔을 판매한 금액은 누구에게 어떻게 분배될까? 4천 원가량의 커피 한 잔을 만들어 내기 위해서는 현지 커피 생산 농장의 농장주와 노동자, 원두 운송업자, 국내 원두 유통업자, 프랜차이즈 기업 그리고 카페 주인과 점원 등 다양한 사람들의 노력이 들어간다.

일반적으로 4천 원짜리 아메리카노 한 잔을 판매하면 현지 노동자에게 20원, 운송 단계에 180원, 프랜차이즈 기업에 1,800원, 카페 점주 및 점원에게 2,000원 정도가 분배된다고 알려져 있다. 각 단계에 투입되는 노동 강도를 생각하면 이 분배 구조가 적정 수준이라고 생각할 수 있고 지나치게 왜곡되어 있다고 생각할 수도 있다. 그러나 일반적으로는 현지 노동자에게 지나치게 낮은 금액이, 반대로 프랜차이즈 업체에게 생각보다 많은 금액이 분배된다고 평가한다.

주변에서 한 번씩 볼 수 있는 '공정무역 커피'는 유통과 광고 비용을 줄이고 그만큼을 현지 노동자에게 더 분배하는 대안적 분배 구조를 취하고 있다. 기존의 커피값 분배 구조가 프랜차이즈 기업에게 지나치게 유리하다고 분석하고 커피 농장 노동자 중심의 새로운 분배 구조를 구축한 것이다. 이는 생산지와 소비지가 다른 대표적인 기호 식품인 커피 시장에서 비판적 상상력을 발휘해 현지 생산자와 카페 영업점 및 소비자 모두가 함께 적정 수준의 이익 분배가 가능한 대안을 만들어 낸 대표적 사례로 평가할 수 있다.

이념형 이해하기: 상상 속 이상형을 현실에서 찾기

다음 주제는 우리 마음속에 존재하는 '이상형' 이야기다. 먼저 이상형의 구체적인 모습을 머릿속에 그려 보자. 특정한 사람을 떠올리기보다 성격, 외모, 취미 등의 구체적인 요소를 위주로 떠올리면 더 좋다. 여러분의 머릿속에 그려진 이상형은 어떤 모습인가? 이상형에 대한 기준이 각기 다를 테니 머릿속에 떠오른 모습 역시 모두 다를 것이다. 확실한 것은 그 이상형과 동일한 사람은 세상 어디에도 존재하지 않는다는 점이다.

사회학은 자연과학적 연구 방법을 사회 연구에 적용해 사회 현상을 이성적으로 분석하고 원인과 결과를 규명한 후 미래 현상들을 설명하는 것을 목표로 하고 있다. 이러한 성격 때문에 경제학, 정치학, 법학 등을 묶어 '사회과학'이라고 부르기도 한다. 동일 조건에서 동일한 결과가 발생하는 자연과학적 현상에 비해 사회 현상은 외부 변수가 너무 많아 완벽한 예측이 사실상 불가능하다. 그러다 보니 셀 수 없을 만큼 다양한 사회 현상을 하나로 묶어줄 수 있는 일종의 '이상형'이 반드시 필요하다.

사람들의 머릿속에는 다양한 이상형이 있다. 하지만 그걸 '상냥한 사람, 자상한 사람, 착한 사람' 등으로 범주를 만들어 이야기하는 것은 전국 수백만 교사와 학생 간에 전개되는 수많은 사회적 관계를 교사_학생 간 관계로 일반화하는 과정과 크게 다르지 않다. 사회학에서는 사회 현상 설명을 위해 머릿속 이상형을 상정하는 것처럼 사회 연구를 위해 현상들을 묶어줄 수 있는 가상의 모습을 구상하는 과정을 '이념형'을 구성한다고 한다.

사회학적 상상력을 통해 사회 구조나 사회 현상을 분석하는 과정만큼 이념형을 구성하는 과정 역시 사회 연구의 기본이자 꼭 필요한 작업이다. 우리가 사회 공부를 할 때 만나는 개념들은 모두 이 '이념형'을 배우는 것이다. 이념형은 다양한 사회 현상을 묶어야 하니 추상적일 수밖에 없고, 추상적이다 보니 머릿속에서 구체화하기 힘들고 우리를 힘들게 한다. 하지만 이념형은 전 세계 방방곡곡에서 발생하는 다양한 사회 현상의 원인과 결과를 연구하고 그 결과를 다른 사례에 적용하기 위해 꼭 필요하다.

사회학을 대표하는 핵심 주제들

핵심 주제	주요 키워드	주요 질문
사회의 모습	사회 구조 근대 사회와 근대성 사회와 인간의 관계 합리성	• 개인을 강제하는 사회 구조는 어떤 모습일까? • 근대성은 무엇이며, 우리에게 어떤 영향을 끼쳤을까? • 개인이 사회를 만들까, 사회가 개인의 행동을 결정할까? • 합리성은 인간 사회를 어떻게 바꾸었을까?

핵심 주제	주요 키워드	주요 질문
사회를 연구하는 방법	이념형과 사회 연구 사회적 구성주의 연구방법론 (양적·질적 연구)	• 사회 연구를 위해 이념형은 왜 필요할까? • 사회 속 지식은 어떤 과정을 통해 만들어졌을까? • 사회를 과학적으로 연구하는 방법에는 무엇이 있을까?
도시와 농촌	도시성과 산업화 위험 인간 소외 이민과 이주	• 근대적 도시를 설명하는 특징에는 어떤 것이 있을까? • 현대 도시 속 위험은 과거의 위험과 어떤 차이가 있을까? • 인간은 왜 도시 속에서 소외감을 느낄까? • 도시와 농촌, 선진국과 개도국 간 이동은 어떤 문제를 만들까?
불평등 현상	가부장제와 젠더 계급 구조 빈곤 사회 계층 이동 노령화 현상	• 가부장제는 어떻게 성 불평등을 만들어 왔는가? • 사회에서 지배/피지배 구도가 만들어진 이유는 무엇일까? • 빈곤은 왜 발생하며, 어떻게 인간의 가치를 떨어뜨리는가? • 중산층은 어떻게 만들어지며, 계층 이동은 가능할까? • 현대 사회에서 노인의 가치는 어떻게 정의되고 있을까?
인간의 일생과 생애과정	사회화 공동체와 개인 인간의 생애과정 교육	• 사회화는 인간을 어떤 모습으로 변화시킬까? • 공동체와 개인은 서로에게 어떤 영향을 미칠까? • 생애과정에서 인간의 모습은 어떻게 변화할까? • 교육은 어떻게 현재의 사회 구조를 재생산할까?
사회적 연결망	공론장 매스미디어 문화와 이데올로기	• 공론장은 어떻게 집단 지성을 발휘하게 하는가? • 매스미디어는 인간의 사고 체계를 어떻게 변화시켰을까? • 문화는 어떻게 특정 계급의 이데올로기를 전파하는가?
정신·육체적 건강과 신체	사회적 자아 의료와 질병의 사회적 정의 장애	• 후천적으로 만들어진 자아는 어떤 요소의 영향을 받을까? • 질병은 생물학적 현상일까, 사회적 인식의 결과일까? • 사회는 장애를 어떻게 구조적으로 차별하고 있을까?

핵심 주제	주요 키워드	주요 질문
범죄	낙인 아노미 회복적 사법	• 낙인은 어떻게 범죄자를 사회로부터 격리시킬까? • 사회 제도의 부재가 만들어 낸 범죄는 어떤 성격을 가질까? • 일탈자를 사회로 복귀시키기 위한 방법에는 무엇이 있을까?
정치와 사회	권력과 권위 갈등의 본질 민족과 민족국가 민주주의 시민 사회와 사회 운동	• 권력과 권위는 사람을 어떻게 복종시킬까? • 사회에서 발생하는 갈등의 본질은 무엇일까? • 민족과 민족 국가는 실제로 존재하는 개념일까? • 정치적 민주주의 달성을 위해 사회는 어떻게 변화해야 할까? • 시민 사회의 활동은 어떻게 사회를 변화시킬 수 있을까?

* 본 분류는 『사회학의 핵심 개념들』(앤서니 기든스 외, 김봉석 역, 동녘, 2015)을 재구성했다. 이 외에도 사회학의 다양한 분과가 있으며, 각 분과는 사회의 모습을 탐구하는 것을 목적으로 한다.

2장

학교는 어떻게 위험을 외주화하는가?

'위험 사회' 이론으로 다시 보는 세월호 사고와 체험학습 안전관리

4월 16일, 예고 없이 찾아온 사고

여느 때와 다름없었던 2014년 4월 16일, 학교를 포함한 사회 시스템을 송두리째 바꿔 놓는 사건이 진도 앞바다에서 일어났다. 절대 가라앉지 않을 것 같은 크기의 배가 서서히 바닷속으로 잠겨 가는 모습, 탑승자 대부분이 사고 현장에서 구조되지 못했다는 소식이 연달아 보도됨에 따라 대한민국 전체는 깊은 슬픔 속으로 빠져들었다. 이날 예고 없이 찾아온 사고는 이후의 우리 삶을 완전히 바꿔 놓았다.

대규모 안전사고는 왜 반복될까?

청해진해운 세월호 침몰 사고의 희생자 대부분은 학생이었다. 또 행정 시스템부터 운항 책임자의 현장 대응까지 사고를 예방하거나 피해를 최소화할 수 있는 기회가 많았음에도 그 시스템 중 어느 하나도 제대로 작동하지 않았다. 결정적으로 이 사고는 천재지변이 아닌 안전불감증과 이윤 추구만을 좇았던 사람들의 욕심에 의해 이루어진 사고라는 점에서 사람들의 공분을 불러일으켰다.

대형 안전사고는 세월호 사고가 처음이 아니었다. 1994년에 있었던 성수대교 붕괴 사고, 1999년에 있었던 씨랜드 청소년수련원 화재 사고 등 잊을 만하면 발생하는 대규모 안전사고는 우리 사회가 안전한 곳인지를 의심하게 만들었다.

대규모 안전사고를 통해서 본 안전불감증

성수대교 붕괴 사고: 1994년 10월 21일 오전 7시 성수동과 압구정동을 연결하는 성수대교가 붕괴한 사건으로, 건설사의 부실 공사와 감리 담당 공무원의 부실 감사가 연결되어 발생한 사건이다. 이 사건으로 출근하거나 등교하던 시민 49명이 한강으로 추락했고, 그 가운데 32명이 사망했다.

씨랜드 청소년수련원 화재 사고: 1999년 6월 30일 새벽 경기도 화성에 있는 청소년 수련 시설인 놀이동산 씨랜드에서 발생한 사고로 잠자고 있던 유치원생 19명과 인솔교사 및 강사 4명 등 23명이 숨지고 5명이 부상당했다. 이 수련원은 콘크리트 1층 건물 위에 52개의 컨테이너를 얹어 2~3층 객실을 만든 임시 건물로, 청소년을 위한 수련원으로 사용하기에는 많은 위험 요소를 안고 있는 구조물이었다. 경찰은 수사를 통해 행정 관청과 씨랜드 대표 간에 인허가를 둘러싼 비리가 있었음을 밝혀냈다.

성수대교 붕괴 사고나 씨랜드 청소년수련원 화재 사건 외에도 약 20년을 주기로 반복되는 대형 참사 사건을 찬찬히 살펴보면 대형 참사들은 자연재해가 아닌 인재였다는 점이 더욱 여실히 드러난다. 그런데도 매번 유사한 참사가 반복해서 발생하는 것을 보면 우리 사회의 안전불감증과 위험에 대처하는 능력에 대해 의구심이 생기는 것 또한 사실이다.

현대 사회는 위험을 어떻게 외주화하는가?

2014년의 세월호 사고가 불러온 여파는 대단했다. 사회 각계각층에서 정부의 위기관리 능력에 대해 잇따라 비판하기 시작했고, 각 정부 부처에서는 앞다투어 사고 후 대책을 내놓기 시작했다. 사고 직후 각급 학교에서는 수학여행을 포함한 대규모 현장체험학습 계획을 모두 일시중지시키고 안전 점검 과정을 거쳐 재개하도록 했다. 그 과정에서 소규모 여행 편성, 안전 교육을 수료한 전문안전요원의 필수 편성 등을 강제하기도 했다.

이와 관련해 정부에서도 수학여행 등 대규모 체험학습에서 안전관리를 지원할 수 있는 전문안전요원을 육성하고 현장에 지원하여 안전사고를 예방하겠다는 계획을 내놓았다. 그러나 이 계획은 예산 문제와 사회의 관심 부족 등으로 흐지부지되었고, 교사가 안전에 관한 모든 책임을 지도록 바뀌었다. 10년 정도 지난 지금 이 제도는 교사가 1년에 짧게는 3시간, 길게는 14시간 내외의 교육만 이수하면 전문안전요원으로 인정받는 형태로 바뀌어서 학교 현장에 적용되고 있다. 그렇다면 세월호 사고 이후 학교의 체험학습 안전관리시스템은 이전과 비교해 큰 변화가 있었을까?

세월호 사고 전후 체험학습 안전관리시스템의 비교

	세월호 사고 이전	세월호 사고 이후
체험학습 프로그램 편성 책임	학교(인솔 교사)	학교(인솔 교사)
체험학습 프로그램 안전관리 책임	학교(인솔 교사)	학교(인솔 교사)
체험학습 프로그램 안전관리 자격	별도 기준 없음	연 14시간 교육 후 부여 (이전에 교육을 받은 적 있는 사람의 경우 3시간 이내의 재교육)

세월호 사고 전후를 비교했을 때 인솔 교사가 연 14시간 이내의 짧은 교육을 받은 후 체험학습 프로그램 안전관리 자격을 획득한다는 점 외에는 달라진 점이 없다. 일선 현장에서 안전관리를 담당해야 하는 대부분 교사들은 일반인 수준에서 요구되는 간단한 정도의 안전관리 수준 이상의 전문성을 확보하기는 어렵다. 현실적으로 14시간 내외의 짧은 교육으로 전문적인 안전관리 능력을 확보할 수 있겠는가?

전문안전요원 양성 과정 대부분이 아무리 짧아도 2주 이상의 교육을 요구하는데, 14시간 내외의 교육으로 모든 사고에 적절히 대처할 수 있는 능력을 기르기는 어렵다. 그런데도 정부는 학생들을 포함한 300여 명의 목숨이 희생된 대형 참사 이후에도 겨우 14시간 이내의 기초적 안전교육만 수료한 교사들에게 모든 안전사고를 관리하고 예방할 것을 요구하고 있다. 이는 교사의 능력을 높이 평가한 결과물이 아니다. 현장 실무자에게 떠넘기는 게 가장 쉬운 해결 방식이라 여기는 관행이 만들어 낸 결과물이다.

결국 2014년의 사고 이후에 학교 현장에서 실질적으로 변한 것은 아무것도 없다. 과거에도 그랬고 현재도 그러하며, 앞으로도 사고 예방과 사고 발생 시 현장에서의 대처 책임은 교사에게 부여될 것이며 학생을 포함한 당사자들은 사고 발생 시 전문적인 대처 능력을 담보할 수 없는 교사 개개인의 불확실한 위기 대처 능력에 의존해야 한다. 우리는 '안전관리의 불확실성'이라는 상황 속에 아이들을 밀어 넣고 있는 것일지도 모른다.

불확실한 위험 속에 아이들을 밀어 넣고 싶은 부모는 이 세상에 없을 것이다. 교육 수요자인 학생과 학부모가 안전에 대해 불안을 느끼는 것처럼 학교 현장에 있는 교사들도 매번 안전관리에 대한 부담을 느낀다. 매년 안전교육을 이수한다 해도 대규모 참사 앞에서는 교사 역시 그저 일반인일 수밖에 없다. 어쩌면 우리는 '체험학습 간 안전요원 필수 배치'라는 허울 좋은 방패 뒤에 숨어 위험(risk)을 교사와 학생들에게 외주화하고 있는지도 모른다.

우리가 스스로 선택한 안전사고: 위험 사회 속 위험

대형 참사 후 사람들은 '천재지변이 아닌 인재였다' 또는 '충분히 예방할 수 있는 사고였다'라는 표현을 종종 사용한다. 과연 그럴까? 질문에 대한 답을 내놓기 전에 생각해 보자. 왜 대형 참사 후에 항상 '예방할 수 있는 사고였다'라는 표현을 사용할까? 예방이 사고가 일어날 기회를 애초에 차단하는 것이라면 이런 질문도 할 수 있을 것이다.

애초에 배를 타지 않았더라면 그 사고는 일어나지 않았을까?
애초에 여행을 가지 않았더라면 그 사고는 일어나지 않았을까?
애초에 자동차를 타지 않았더라면 그 사고는 일어나지 않았을까?
애초에 그 다리를 건너지 않았더라면 그 사고는 일어나지 않았을까?
애초에 그 과학 기술을 발달시키지 않았더라면 그 사고는 일어나지 않았을까?

현대 사회에서 일어나는 대규모 참사들에는 공통점이 있다. 자연적으로 발생한 것이 아니라 과학 기술을 기반으로 인간 욕구를 실현시키는 과정에서 발생한 사고라는 점이다. 바꿔 말하면 현대 사회의 사고 대부분은 인간이 과학 발달이라는 선택을 한 결과, 직접 만들어 낸 사고로 평가할 수 있다는 의미이다.

　과학 기술의 발달 과정에서 인간이 스스로 발생시킨 사고는 지진, 쓰나미, 태풍 등 인간의 힘으로 극복할 수 없는 거대한 자연재해와는 분명다른 성격이다. 자연재해에 대해 우리는 '예방할 수 있는 사고'였다는 표현을 비교적 덜 사용하는 편이다. 자연재해는 대부분 인간의 힘으로 어찌할 수 없는 불가항력적인 것이기 때문이다. 하지만 사고가 자연재해와 달리 '인간이 직접 선택한 결과'에 의해 일어났다면 사고 책임의 일부는 인간에게 돌아가는 것이 마땅하다.

　체험학습 이야기로 돌아와 보자. 인간이 직접 선택한 결과로 발생한 사고라면 그 사고를 예방할 수 있는 주체 역시 '인간'이어야 한다. 앞서 언급한 대규모 안전사고들은 대부분 인간이 직접 선택한 결과 발생한 인재의 성격이 강하다. 독일의 사회학자 울리히 벡(Ulrich Beck)은 인간이 직접선택한 결과로 발생한 안전사고와 자연재해를 구분하기 위해 '위험 사회(risk society, 危險社會)' 개념을 제시했다.

세월호 사고는 제조된 위험의 결과물이다

위험을 구분하는 3요소: 이해 가능성, 예측 가능성, 통제 가능성

　벡은 사회에서 발생하는 위험을 '외부적 위험'과 '제조된 위험'으로 나누어 분석했다. 외부적 위험(external risk, danger)이란 가뭄이나 지진, 기근과 기아 등 인류의 행동과 관계되지 않거나 인류의 의지와 무관하게 발생하는 위험을 말한다. 외부적 위험은 대부분 자연 현상의 일환으로 발생하며, 사람이 거스를 수 없고 예방 역시 사실상 불가능하다.

위험 평가의 3가지 지표

이해 가능성	위험의 발생 원인과 결과를 이해할 수 있는 정도
예측 가능성	위험이 언제 발생할 것인지, 어느 정도의 비용을 발생시킬 것인지 예측할 수 있는 정도
통제 가능성	인간의 노력을 통해 위험 발생을 억제할 수 있는 정도

벡은 위험을 세부적으로 평가할 때 이해 가능성, 예측 가능성, 통제 가능성이라는 3가지 지표를 사용했다. 외부적 위험의 성격을 띠는 자연재해는 이해 가능성과 예측 가능성은 충분히 있으나 통제 가능성이 상당히 낮다. 다른 생물과 마찬가지로 인간 역시 자연계의 일부분이므로 자연재해 앞에서는 무력할 수밖에 없다.

제조된 위험

울리히 벡(Ulrich Beck)은 독일의 사회학자다. 1986년 『위험사회』란 저서를 통해 서구를 중심으로 추구해온 산업화와 근대화 과정이 실제로는 가공스러운 '위험사회'를 낳는다고 주장하고, 현대사회의 위기화 경향을 비판하는 학설을 내놓아 학계의 주목을 받았다.

그러나 근대 이후 인간은 과학 기술을 발달시키고 과학을 통해 자연을 정복할 수 있다는 믿음을 가지게 되면서부터 위험에 대해 이전과 다른 생각을 가지기 시작했다. 인간 이성으로 발전시킨 과학 기술이 이해 가능성, 예측 가능성, 통제 가능성을 최대한 높여 인간이 맞닥뜨리는 위험 자체를 없애거나 최소화할 수 있다고 본 것이다. 이러한 생각은 무분별한 개발과 발전지상주의로 이어졌고 인간 편의를 위한 각종 개발이 진행되기 시작했다. 근대 이후 인류 사회의 변화는 과학만능주의의 극대화와 인간 이성에 대한 철저한 신뢰, 개발중심주의 등으로 요약할 수 있다.

하지만 인간 이성과 과학 기술에 대한 무제한적 신뢰는 현실에서 예측하지 못한 새로운 문제를 가져왔다. 인간은 과학 기술의 발전이 이해 가능성, 예측 가능성, 통제 가능성을 모두 보장해 주리라 생각했다. 그런데 근대 과학 기술의 발달 이후에 발생한 새로운 문제들은 3가지 지표 모두 불확실해졌음을 보여주고 있다.

과학 발전이 가져온 지구 온난화 문제를 떠올려 보자. 지구 온난화가 현재나 미래에 큰 문제를 야기할 수 있으리라는 추상적인 추측은 누구나 할수 있다. 하지만 추측의 결과가 구체적으로 어떤 규모와 형태로 나타날지, 그 예측의 근거가 정확히 무엇인지에 대해서는 명확히 제시하지 못한다. 단지 지구 온난화 문제가 과학 발달 과정에서 인간이 새로이 만들어 낸 문제이며, 우리의 삶을 편리하게 만들기 위해 자발적으로 선택하고 초래한 문제라는 정도만 어렴풋이 알 뿐이다. 현재의 편리함을 위해 미래의 불확실한 위험을 자발적으로 선택한 결과, 우리는 지구 온난화가 만들어 낸 가뭄, 태풍, 한파 등 이전에 없었고 앞으로 결과를 예측할 수 없는 새로운 기후 문제에 직면해 있다.

벡은 인간이 직접 선택한 위험, 즉 인간의 편리함을 위해 선택한 과학 기술의 발전이 가져올 위험을 제조된 위험(manufactured risk)이라고 정의했다. 제조된 위험은 3가지 특징을 가지고 있다. 첫째, 발생 가능성은 상당히 낮지만, 위험이 실제로 발생할 경우 그 피해가 엄청나게 크다. 둘째, '낮은 발생 가능성'은 사람들이 피부로 느끼는 위험을 상당히 과소평가하게 만든다. 셋째, 이 위험은 인간의 부주의함이나 부도덕함 등과 만나스스로 그 위험을 재생산하고 위험의 범위와 심각성을 확장시키는 성격이 강하다. 이처럼 제조된 위험은 인간이 초래한 위험이라는 점에서 자연 재해가 가져오는 외부적 위험과 확실하게 구분된다.

낮은 발생 가능성이 대참사로

세월호 참사를 다시 살펴보자. 해운 사고는 인간이 바다라는 자연적 조건을 거스르고 선박 항해라는 과학 기술이 접목된 교통 시스템을 만든 시점부터 언제든 발생할 수 있는 사고였다. 인간은 해운 사고가 발생하지 않도록 선박 출항 전후로 안전 점검을 실시하는 한편, 법령상 최대 적재 화물의 무게와 탑승 인원을 제한하는 규정 및 사고 시 대응 지침을 만들고 적용하였다.

하지만 낮은 사고 발생 가능성으로 인해 해운사는 '별일 아니다' '이번엔 사고가 발생하지 않을 것이다'라는 등의 안일한 인식을 보였다. 여기에 안전 점검 미실시 · 법령 미준수 · 경제적 이익에 대한 부도덕한 접근 등이 만들어 낸 과적, 안전불감증 등이 종합적으로 더해진 결과로 나타난 대참사는 우리의 상상을 초월하는 피해를 만들었다. 세월호 사고는 이처럼 인간이 스스로 선택한 '제조된 위험'의 결과물이었다.

제조된 위험의 성격을 지닌 세월호 참사를 경제적 관점에서 본다면 몇몇 해운업자의 단기적인 경제적 이익을 위한 상습적인 탈법과 불법이 탑승객의 안전이라는 불특정 다수의 장기적 이익보다 우선한 결과로 발생했다고 할 수 있다. 이는 제조된 위험의 발생 가능성이 매우 낮다는 인식에서 출발한 문제다.

구체적으로 살펴보면 과적과 안전규정 미준수 등으로 얻을 수 있는 해운업자의 불법적 이익은 선박을 운행할 때마다 확정적으로 발생한다. 반면 세월호 침몰과 같은 해운 사고로 인한 탑승객들의 피해는 상당히 낮은 확률로 발생한다. 경제학적 비용과 편익 분석 논리를 따른다면 소수 해운업자의 단기적인 경제적 이익(편익)에 비해 해운 사고 발생으로 잃게 될 탑승객들의 생명 등의 가치(비용)가 훨씬 크다. 그러므로 해운업자는 단기적 이익을 추구하지 않아야 하고 정부도 사고 예방을 위해 최선의 노력을 다해야 한다. 그러나 발생 가능성이 매우 낮은 해운 사고의 특징은 해운업자들에게 해운 사고를 '존재하지 않는 위험'으로 인식하게 했다. 결국 발생 확률이 상당히 낮은 해운 사고가 현실에서 발생하고 말았고 이는 되돌릴 수 없는 대참사로 우리에게 돌아왔다.

위험 사회로 나아가는 인류

2011년 동일본 대지진 당시 발생한 후쿠시마 원전 사고 역시 마찬가지다. 환태평양 조산대에 속한 일본은 언제든 지진이 발생할 수 있고, 낮은 확률이지만 지진은 인간이 만든 원자력 발전소에 치명적인 피해를 줄수 있다. 또 지진에 의해 원자력 발전소에 사고가 발생할 경우 인간이 만든 과학적인 원자력 발전 방식은 인류에게 다시는 복구할 수 없는 피해를 줄 수 있다. 하지만 사람들은 이를 과소평가했으며, 그 결과로 발생한 후쿠시마 원전 사고는 미래 피해 규모가 얼마다 될지조차 예측하기 어려운 '현재진행형인 위험'이 되었다. 하지만 우리는 편리한 삶을 위해 원자력 발전을 포기할 수 없다. 현대를 사는 우리 모두 '제조된 위험'을 항상 품고 살아야 하는 '위험 사회'의 구성원이 되는 것을 선택한 것이다.

'위험 사회' 이론의 핵심은 우리 사회가 계속 위험 사회로 나아가고 있으며, 과학 기술이 발달하는 과정에서 위험 사회로의 이행이 빨라지고 있다는 점이다. 후쿠시마 원전 사고, 세월호 사고, 코로나19의 확산 등은 고도로 발달한 과학 기술이 각종 위험에 대한 이해 가능성, 예측 가능성, 통제 가능성을 높여 줄 것이라는 우리의 기대를 무너트렸다. 제조된 위험은 지금도 우리 주변에 존재하고 있으며 한 번의 문제가 가져올 파괴력 또한 상당하다. 어쩌면 인간의 지식과 합리성, 과학적 능력은 인류를 새로운 절망과 파멸의 구렁텅이로 밀어 넣는 원동력일지도 모른다.

'제조된 위험'의 위험성이 우리에게 주는 메시지

벡의 이야기를 종합하면, 현대 사회를 관통하는 위험은 자연발생적인 천재지변 같은 외부적 위험(danger)이 아닌 과학 기술의 발달 과정에서 인간이 자발적으로 선택한 제조된 위험(risk)에 가깝다. 우리가 생활하고 있는 학교 현장도 다르지 않다. 그렇다고 해서 제조된 위험을 너무 두려워한 나머지 위험이 발생할 수 있는 모든 교육 활동을 중단하는 것은 불가능하다. 학교는 사회의 축소판으로서 학생들이 장차 성인이 되었을 때 겪을 다양한 사회적 경험을 미리 제공해야 할 의무가 있기 때문이다.

그러므로 교육을 위해 위험을 감수해야 한다면 우리가 해야 할 일은 위험이 발생할 확률을 줄이고, 위험이 발생하더라도 피해를 최소화하는 방법을 미리 강구해야 한다. 교원 양성 과정이나 학교 운영 구조상 교사들이 안전전문가가 되기 어렵다. 그럼에도 교사들에게 위험 관리를 전적으로 맡기고 위험에 대한 책임을 교사와 학생에게 전가하는 '위험을 외주화하는 학교'의 모습에는 전반적인 변화가 필요하다. 불확실성이 난무하는 현대 사회에서 학생들의 안전과 미래마저 불확실성에 기대어 방치하는 학교 현장이 되지 말아야 할 것이다.

3장

사람들은 왜 MBTI에 열광할까?

심리유형론에 따른 성격 유형 검사와 사회적 인성의 탄생

MBTI가 유행하는 대한민국

정규교육과정을 이수하고 있거나 이수한 사람이라면 누구나 한 번쯤은 적성검사를 한 경험이 있을 것이다. 사람들은 매우 전문적이거나 어려운 게 아니더라도 한 번쯤 간단한 적성검사나 심리검사를 하고 싶어 한다. 나의 성격 유형은 어떤지, 내게 어울리는 직업은 무엇인지 궁금해하는 게 당연한 심리이기 때문이다. 최근에는 MBTI를 중심으로 한 심리검사가 밈(meme)처럼 유행하는 추세다. TV와 인터넷에서, 나아가 현실 모임에서도 4개의 알파벳으로 조합된 자신의 MBTI를 이야기하는 모습을 보이는데 사람들은 왜 이렇게 MBTI에 열광하는 것일까?

별자리와 혈액형에 열광하던 과거 세대

MBTI가 유행하기 전에도 사람들은 이와 유사한 심리 테스트에 열광했다. 한때 혈액형이 사람들의 성격을 결정짓는다고 믿었던 적이 있었는

데, 그 때는 사람들이 모인 자리에서 으레 성격적 특징에 기반해 서로의
혈액형을 맞춰 보는 일이 일상이었다.

혈액형 성격설은 과연 근거가 있을까?

혈액형 성격설은 한국과 일본에서만 찾아볼 수 있었던 문화 현상이다. 2000년대 초반까지만 해도 대중 매체에서는 혈액형과 성격을 연결 지은 여러 창작물을 만들어 냈고, 사회에서도 혈액형과 성격의 연관성을 공공연하게 나누곤 했다. 우리 사회에서 널리 퍼져 있던 혈액형별 성격 특성에 대한 이야기는 다음과 같다.

A형 : 비교적 소심한 성격이며, 짜여진 틀에 따라 행동하는 것을 선호함
B형 : 개성을 강하게 드러내고 도전적이며, 인간관계보다 사실을 중요시함
O형 : 변화를 좋아하며 유머러스한 반면, 상하 관계에 민감함
AB형 : 섬세하고 신경질적이며 존재감이 강한 반면, 낯가림이 심함

혈액형을 나누는 기준은 적혈구 표면에 붙어 있는 당단백질 중 하나를 기준으로 한 것으로, 인간의 성격을 구분 짓는 요소와 아무런 관련이 없다. 대부분 문화권에서는 혈액형과 성격의 상관관계를 근거 없는 이야기로 치부하거나 관심조차 가지지 않는다. 혈액형 성격설은 일본이 다른 민족을 지배하는 것을 정당화하기 위한 수단으로 우생학을 채택·보급하는 과정에서 민간에 보급했으나 크게 관심을 받지 못했다. 그러다 1971년 일본의 방송작가 노미 마사히코(能見正比古)가 『혈액형으로 알 수 있는 상성』이라는 책의 발간을 계기로 급속히 유행을 타기 시작했고, 한국에도 알려지면서 한일 양국의 문화 코드가 되었다.
　혈액형은 앞서 이야기한 것처럼 적혈구 표면의 당단백질을 기준으로 과학적 편의를 위해 나눈 것일 뿐, 성격에 영향을 주는 요소는 존재하지 않는다. 현대 과학계에서는 혈액형이 성격을 결정짓는다거나 혈액형에 따라 성격을 나눌 수 있다는 의견 등은 과학적 근거가 없는 낭설로 평가하고 있다.

혈액형 성격설이 유행하기 전에는 별자리로 자신의 성격과 주변 사람들과의 궁합을 논하기도 했었다. 사람들은 천칭자리는 인간관계가 좋고 황소자리는 신중하고 끈기 있다는 등 각 별자리가 가진 성격적 특징을 외우고 그에 따라 다른 사람들의 성격이 어떤지 설명하려고 했다. 별자리는

고대 그리스에서 만들어졌고, 서구에서도 별자리에 따라 성격을 분석해 놓은 자료가 예전부터 있었던 것을 보면 사람들이 어떤 성격이고 어떤 사람들과 궁합이 좋은지 알고 싶은 욕망은 과거부터 계속 있었다고 해도 무방할 것이다.

MBTI는 어떻게 만들어졌나?

다시 MBTI를 이야기해 보자. MBTI는 심리검사나 직업적성검사 등에 과거부터 광범위하게 사용되어 온 유서 깊은 심리검사 도구다. MBTI는 캐서린 브릭스(Katharine C. Briggs)와 그의 딸 이저벨 마이어(Isabel B. Myers)가 만들어 낸 성격유형 검사로 '마이어스-브릭스 유형 지표(Myers-Briggs-Type Indicator)'의 줄임말이다. 브릭스와 마이어스 모녀는 분석심리학을 만든 카를 융(Carl Gustav Jung)의 이론을 바탕으로 4가지 기준과 8가지 유형으로 구성된 심리 성격을 설명하는 도구를 만들었다. 이는 꽤 직관적이면서도 설득력이 높아 현대에도 많은 지지와 인기를 끌고 있다.

융의 6가지 유형 구분

MBTI를 이해하기 위해서는 먼저 융의 심리유형론을 이해해야 한다. 융은 인간의 의식 속에 논리적 사고를 담당하는 사고 기능, 신체 내외부의 자극에 의한 신체 변화를 인식하는 감각 기능, 가치 판단을 담당하는 감정 기능, 대상의 이미지를 마음속에 그려 내는 직관 기능 등 4가지 기본적인 기능이 있다고 보았다. 그리고 4가지 기능의 분화나 발달 정도가 사람마다 다르기 때문에 성격 차이가 발생한다고 설명한다. 예를 들어보자. 사고 기능이 발달한 사람은 법칙과 원리를 중시하는 성격이 되고, 감정이 분화된 경우 공감 능력을 중요시하는 성격이 된다. 직관 기능이 발달하면 상상력이 남다른 성격이 되고, 감각이 분화되면 신체를 통한 인간의 오감에 집중하는 성격이 된다.

융은 4가지 기본적인 기능에 덧붙여 사람들이 어디에서 에너지를 얻느냐에 기초해 성격의 방향을 내향성과 외향성으로 구분했다. 내향성의 경우 자아가 상상·기억 등 내적 세계를 지향하는 경향을 보이고, 내면세계 속 관심을 실현하는 과정에서 활동 에너지를 얻게 된다. 반면 외향성은 타인·사회·현실 사건 등 외부 세계로 자아의 관심이 향하고, 외부 세계에 대한 관심을 실현하는 과정에서 개인의 활동 에너지가 발생한다.

이처럼 융의 이론은 몇 가지 요소를 토대로 인간의 심리적 성격을 범주화한 후 성격을 이해하려는 목적으로 만들어졌다. 그러나 현실에서 사람들이 보이는 실제 성격은 너무나 다양해서 몇 가지 유형으로 나누는 것이 불가능하다. 그럼에도 사람들의 성격을 유형화시키고 직관적으로 이해할 수 있는 기준을 마련했다는 점에서 융의 이론은 후대 심리학의 발전에 큰 영향을 주었다.

캐서린 쿡 브릭스(Katharine Cook Briggs, 우)와 그녀의 딸 이사벨 브릭스 마이어스(Isabel Briggs-Myers, 좌)는 마이어스-브릭스 유형 지표(MBTI)의 공동 창시자다. MBTI는 카를 융의 분석심리학을 근거로 개발한 성격 유형 선호 지표다. 이 지표의 개발은 제2차 세계대전에서 유래했는데 징병제로 인력이 부족해졌고, 총력전으로 군수 공업의 수요가 증가하여 남성 노동자가 지배적이던 산업계에 여성이 진출하게 된 이후 이들이 자신의 성격 유형에 적합한 직무를 찾도록 할 목적으로 1944년에 개발되었다.

융의 6가지 유형 지표

의식 속 기능	판단 기능의 근원
감각, S(Sensetive)	신체 안팎의 자극이 주는 오감의 영향에 집중
사고, T(Thinking)	논리에 기반한 법칙과 원리의 규명에 집중
직관, N(iNtuition)	대상을 이미지로 이해하며, 머릿 속 상상에 집중
감정, F(Feeling)	주관적 가치에 기반하며, 상대방에 대한 공감에 집중
외향, E(Extrovert)	자아의 관심이 타인 · 사회 · 사건 등 외부 세계로 향함
내향, I(Introvert)	자아의 관심이 상상 · 기억 · 느낌 등 내부 세계로 향함

내 글자 조합으로 나를 정의할 수 있을까?

브릭스와 마이어스 모녀는 융의 심리유형론을 바탕으로 성격 유형을 설명하는 MBTI 검사 도구를 개발했는데, 성격을 다음과 같은 4가지 기준과 8가지 유형으로 구분하였다.

브릭스와 마이어스의 8가지 유형 지표

외향, E(Extrovert)	내향, I(Introvert)
감각, S(Sensitive)	직관, N(iNtuition)
사고, T(Thinking)	감정, F(Feeling)
판단, J(Judging)	인식, P(Perseiving)

브릭스와 마이어스가 제시한 8가지 유형 지표는 성격 유형을 구별할 수 있는 다양한 정보를 가지고 있다. 이 유형들을 종합하면 개인의 전반적인 성격을 표현할 수 있다.

8가지 유형 지표별 특성

외향 E(Extrovert)	사교적이며 활발한 성향	↔	내향 I(Introvert)	조용하며 정적인 성향
감각 S(Sensitive)	현실의 물질 · 사실에 집중	↔	직관 N(iNtuition)	가상 관념 · 의미에 집중
사고 T(Thinking)	분석적이며 객관적 성향	↔	감정 F(Feeling)	공감적, 인간애적 성향
판단 J(Judging)	체계적, 질서 유지 성향	↔	인식 P(Perseiving)	유연함, 자유로운 성향

　MBTI에 대해 부정적 의견을 보이는 전문가들이 많은데도 사람들이 MBTI에 열광하는 이유는 무엇일까? 혈액형이나 별자리에 비해 비교적 과학적인 분류 방식이면서도 간단하고 구체적인 성격 유형을 보여주는 지표이기 때문일 것이다. E와 I, S와 N, T와 F, J와 P라는 상반된 유형들을 조합해 16가지 세부 성격 유형으로 분류한 MBTI는 기존의 비과학적인 성격 유형론에 비해 훨씬 다양하면서도 나름 체계적인 유형 분류 근거를 가지고 있다.

　최근 MBTI에 관심이 많은 사람들은 각 성격 유형이 어떤 유형과 궁합이 맞는지, 어떤 유형과 상극인지에 대해 주관적이지만 구체적인 기준을 제시하기도 한다. 간단하면서 과학적으로 보이는 지표가 궁합까지 보여주니 주변 사람들과의 관계를 중요시하는 우리 사회에서 MBTI가 큰 인기를 끄는 것은 어찌 보면 당연하다.

우리는 어떤 관계일까?

우리가 MBTI, 혈액형, 별자리 등에 열광하는 진짜 이유는 무엇일까? 나에 대한 심리학적 이해만이 필요했다면 굳이 사람들 사이의 궁합을 궁금해할 것까지는 없을 것이다. 누군가는 이 질문에 대한 답을 동양의 관계 중심 문화에서 찾기도 하고, 누군가는 인간관계를 갈망하는 인간의 특성 자체에서 찾기도 한다. 이유야 어찌 되었든 나를 정의하고 알아가는 것만큼이나 '우리는 어떤 관계일까'에 대해서도 궁금해하는 것은 분명하다. 사람은 기본적으로 사회 속에서 만들어지는 존재이기 때문이다.

문화적 차원에서 살펴보면 타인과의 관계에 집중하는 것은 동양적 집단주의를 바탕으로 한 사회 인식에서 출발한다. 다시 말해 MBTI를 통해 나의 성격과 우리의 궁합을 찾으려는 모습은 나의 존재를 집단에서 찾는 동양적 집단주의 사고방식이 영향을 끼친 것으로 평가할 수 있다.

개인의 성격과 인성은 사회 속에서 만들어진다

한국에는 왜 직관사고형이 적을까?

MBTI를 사회적 측면에서 분석해 보자. MBTI 자체는 개인의 성격 유형을 분석하는 도구다. 하지만 실제 사람의 성격은 사회의 영향을 받아 계속해서 변화하기 때문에 사회적 차원에서 살펴보는 것도 나름 의미가 있다.

심리학자들은 선천적인 요소와 후천적인 요소 모두가 개인의 성격 결정에 영향을 끼친다고 말한다. 개인의 타고난 기질이나 유전 등이 선천적 요인이라면 사회의 문화, 학습, 전통 등은 후천적 요소다. 사회학자들은 선천적 요인보다 후천적 요인이 개인의 성격이나 인성을 형성하는 데 있어 훨씬 더 크게 작용한다고 말한다.

예를 들어보자. 필자의 MBTI 유형은 ENTP이다. 지표 조합은 외향형–직관형–사고형–인식형으로 구성된다. 한국MBTI연구소에서는 NT(직관사고형) 유형을 직관적인 영감과 논리적인 사고, 자유로운 융통성을 추구하는 유형이며, 전통을 경시하거나 새로운 질서 창조를 추구하는 경향이 있고 보수적인 사고방식에 정면으로 대항하는 성격 유형이라고 소개한다. 그래서 그럴까? 국내 MBTI 검사를 주관하는 (주)어세스타의 2021년 통계 자료에 따르면, 전통보다 새로운 질서를 추구하는 ENTP, INTP, ENTJ, INTJ 등 직관사고형의 비율은 각각 우리나라 전체 인구의 3~5퍼센트 이내 수준을 유지하고 있다. 실제로 어세스타의 2021년 피험자 유형별 통계 자료에 따르면 16개의 MBTI 세부 유형 중에서 직관사고형의 인구 점유율은 하위권에 속해 있다.

그런데 서구권의 경우 직관사고형이 전체 사회에서 차지하는 비중이 약 8~10퍼센트 내외로 우리나라보다 높게 나타난다는 통계 자료가 있다. 문화권별로 왜 이런 차이가 나타날까? MBTI는 우리 몸속에 흐르는 DNA를 분석한 것이 아니다. 선천적인 요소 외에 다른 요소가 성격 형성 과정에 영향을 끼치기 때문에 이런 결과가 나온 것이다. 물론 선천적인 요소가 성격 형성에 영향을 주지 않는 것은 아니다. 하지만 선천적 요인으로만 성격 유형이 만들어졌다면 타 문화권의 성격 유형별 구성 비율과 우리나라의 비율에는 큰 차이가 없어야 한다. 전 세계 사람들은 기본적으로 호모 사피엔스 종이며, DNA 염기 서열도 개개인의 차이는 있지만 크게 볼 때 차이가 크지 않기 때문이다.

한국 MBTI 유형별 인구 분포

분포 순위	유형	한국 비율(%)	분포 순위	유형	한국 비율(%)
1	ISTJ	12.8	9	ESTP	4.2
2	ESTJ	12.4	10	ISTP	4.1
3	ENFP	9.7	11	ENTP	3.6
4	ISFJ	8.3	12	ENTJ	3.5
5	ESFJ	8.2	13	INTJ	3.3
6	ESFP	7.2	14	ENFJ	3.3
7	INFP	6.7	15	INTP	3.2
8	ISFP	6.5	16	INFJ	2.9

출처: (주)어세스타, "한국 MBTI 유형별 인구 분포", 2021.

개인의 인성은 유전자가 만들까, 사회가 만들까?

MBTI 유형 검사 설명서에서 직관사고형은 현재의 질서를 부정하는 공통적인 특징을 보인다고 말한다. 전통을 중시하고 위계질서에 의해 움직이는 것을 전제하는 유교 문화권 사회에서 자유분방한 성격을 바탕으로 자율성을 강조하고 기존 전통이 중요하다고 생각하지 않는 직관사고형이 적응하지 못하는 것은 어찌 보면 당연하다.

인간은 사회적 동물이다. 사회에 대한 적응은 인간 생존에서 있어 필수적이며, 인간은 사람들 간의 상호작용을 통해 사회에 적응한다. 만약 어떤 사람이 선천적 성격 때문에 사회 적응에 어려움을 겪는다면 그 사람은 생존을 위해 선천적인 성격과 관계없이 사회가 요구하는 모습에 자신을 맞춰 갈 수밖에 없다. 집단주의를 강조하는 유교 문화권에서 전통에 저항하는 직관사고형으로 태어난 사람이 있다고 가정해 보자. 그의 DNA가 어떤 모습이든 간에 인간관계에서 어려움을 겪을 가능성이 크다. 직관사고형에 가깝게 태어난 사람들이 있다 해도 그들은 사회의 교육과 사회화 및 기타 상호작용 과정에서 자신도 모르게, 혹은 강제로 사회가 요구하는 모습에 자신을 맞춰 갈 수밖에 없다. 타고난 기질이 직관사고형에 가까운 사람들은 선천적 요소와 무관하게 사회에 적응하는 과정에서 전통을 중시하는 성격으로 바뀌었을 가능성이 크다.

이러한 성향을 사회문화적 차원에서 생각해 보자. 성격이 개인의 기질을 이야기하는 용어라면 사회적 성격을 설명하는 인성이라는 개념이 있다. '인성(Personality)'은 개인적 요인과 사회적 요인의 상호작용 결과로 발현되는 개인의 독특한 생활 양식을 의미한다. 개인의 성격 발현에는 개인적 요소 외에도 사회적 요소가 큰 영향을 끼친다. 사람들은 태어난 후 가정에서, 친구들 사이에서, 학교에서, 직장에서, 취미 활동에서, 혹은 일상생활을 유지하는 가운데 지속적으로 자신의 자아상을 사회에 맞게 변화시킨다. 이는 생존을 위해 필수적이다. 자신의 자아상을 사회에 맞게 변화시키는 과정에서 사회는 그 사회 사람들이 일반적으로 갖추어야 할 성격 유형인 사회의 기본적 인성(혹은 국민성)을 만들어 개인에게 요구한다. 집단주의적 사고방식을 바탕으로 하는 한국 사회에서 성격과 관련해 '지나치게 튀지 마라' '중간만 가면 된다' '평범한 것이 제일이다'라는 이야기를 자주 하는 이유는 이런 사회 분위기와 무관하지 않다.

사회 속에서 나의 존재를 찾는 이유

한국인의 사회적 인성

개인의 성격이 만들어지는 과정에 개인적 요소 외에 사회적 요소가 영향을 미친다면 그 영향은 어떤 형태로 나타날까? 앞서 이야기한 대로 사회적 요소의 영향력이 강하다면 사회 속 인성 역시 일정한 경향성을 보일 것이다. 이처럼 특정 사회에서 전형적으로 나타나는 인성을 최빈 인성(modal personality) 또는 사회적 인성이라고 한다. 학자들도 성격 형성 과정에서 유전이나 기질 등 개인이 타고난 요소를 무시할 수 없지만, 사회생활에서의 경험이 큰 영향을 미친다고 말한다. 구체적인 생활상이나 모습은 각기 다르겠지만 큰 틀에서 사회적 규칙성은 분명히 존재하며, 사회적 규칙성이 장시간에 걸쳐 자리 잡게 되면 사회적 인성을 만들어 낸다는 것이다.

우리나라의 문화는 과거의 공동체 중심 문화와 현대의 개인주의 · 능력주의 중심 문화가 혼재되어 있는 양상을 보인다. 그럼에도 문화적으로 과거로부터 현재까지 이어지는 특징이 하나 있다. 바로 어려움을 함께 나누고 타인의 물건을 쉽게 탐하지 않는 공동체적 도덕성이다. 한 방송 매체에서 길거리에 가방을 하나 던져두고 사람들이 그 가방을 가져갈 것인지 실험하는 내용의 예능 프로그램이 방송된 적 있다. 우리나라 사람들은 한결같이 길거리의 가방에 눈길을 주지 않거나 가방을 눈에 잘 띄지만 통행에 방해가 되지 않는 곳에 옮겨 두고 제 갈 길을 가거나 가방을 들고 경찰서로 가서 분실물 신고를 했다.

굳이 방송을 예로 들지 않더라도 카페에서 사람들이 잠시 자리를 비워도 누구도 다른 사람의 노트북, 지갑, 액세서리 등에 손을 대지 않는 모습을 볼 수 있다. 이런 모습은 타 문화권에서는 찾아볼 수 없는 독특한 현상인데, 우리나라 문화권의 이러한 도덕성과 연대 의식도 우리 문화권만의 사회적 인성으로 볼 수 있다.

국민성이라는 개념은 실존하는가?

　문화인류학자 마거릿 미드(Margaret Mead)는 사회적 인성을 국가 전체로 확장시킨 개념을 '국민성'이라고 표현했다. 미드는 사회라는 추상적인 공간을 넘어 국가 수준에서도 일관성 있는 성격상의 특징을 뽑아낼 수 있으며, 그것이 국민에게 보편적으로 찾아볼 수 있는 인성이라고 생각했다. 국민성 개념은 지금도 특정 국가에 대한 심층 분석이 필요한 외교 활동이나 다국적 기업의 시장 개척 등에서 적극 사용되고 있다.

　국민성을 주제로 한 고전 중 하나로 인류학자 루스 베네딕트(Ruth Benedict)가 일본 문화를 분석한 『국화와 칼』이라는 책이 있다. 베네딕트는 이 책에서 일본 사람들이 보편적으로 보이는 평화와 예절 · 예술을 중시하는 기질을 일본 왕실을 대표하는 꽃인 국화에 비유하는 한편, 싸움과 전쟁 그리고 무술을 숭상하는 기질을 칼(일본도, 무사)에 비유했다. 평화와 싸움이라는 이중성을 동시에 추구하는 것은 일본인만이 보이는 특수한 국민성이라고 분석한 것이다.

마거릿 미드(Margaret Mead)는 현대 미국의 인류학자다. 사모아의 문화인류학적 연구를 한 외에, 제2차 세계대전 때는 식습관위원회의 위원으로서 식생활을 연구하였다. 1979년 1월 19일 지미 카터는 고인이 된 그녀에게 대통령령의 자유에 대한 메달을 수여했다.

　베네딕트는 단 한 번도 현지에서 일본 사람들을 만나 연구한 적이 없는 속칭 '안락의자에 앉아 상상으로 해외를 분석한 인류학자'였다. 하지만 베네딕트의 일본 연구는 미국인들이 일본의 국민성을 이해하는 데 큰 도움을 주었다. 베네트의 말대로 평화와 예절, 무술과 싸움을 동시에 숭상하는 것이 일본의 국민성이라면 국가나 공동체에 어려운 일이 생겼을 때 문제를 해결하기 위해 다 함께 힘을 모으는 것이 한국의 국민성이라고 평가할 수 있다.

루스 베네딕트의 『국화와 칼』에 대해

미국의 인류학자인 루스 베네딕트가 쓴 『국화와 칼』은 일본을 공부하는 사람이라면 반드시 읽어야 할 책으로 손꼽히는 수작이다. 국화는 천황을 대표하는 일본의 상징물 또는 모든 것을 인위적으로 꾸며 제자리에 두어야 하는 일본인의 사고방식을 의미한다. 반면 칼은 일본식 무사도(사무라이)를 대표하거나 자신이 책임져야 할 부분에 대해 모든 것을 책임지는 장인정신 등을 의미한다. 태평양 전쟁 때 미국은 서구의 상식으로 이해할 수 없는 반자이 돌격(バンザイ突擊), 가미카제(かみかぜ) 공격, 할복 자살 등을 자행하는 일본군을 보며 짧게는 전쟁에서 이기기 위해, 길게는 일본을 비롯한 동양 문화 전반에 대해 깊게 이해할 필요가 있다는 결론을 내렸다.

베네딕트는 천황(덴노, てんのう)을 중심으로 구성된 일본의 신분 체계가 일본인의 사고에 깊게 자리 잡고 있으며, 폐쇄적 신분 체계는 사회 구조의 변화를 두려워하는 일본의 '와(和)' 문화를 형성한다고 설명했다. 이 '와' 문화는 국제 질서에도 동일하게 적용되었다. 19세기 초 청나라를 중심으로 하는 동아시아의 질서가 무너지고 일본 중심의 국제 정치 구조로 재편됨에 따라 일본은 새로운 질서 속에서 일본이 중심이 되는 새로운 '와'를 추구했다. 그리고 이를 얻기 위해 청일 전쟁, 중일 전쟁, 태평양 전쟁 등 대규모 전쟁을 수행했다고 분석한다.

『국화와 칼』이 쓰여진 당시는 태평양 전쟁이 한창이었으므로 베네딕트는 한 번도 일본을 방문하지 않은 채 일본계 미국인의 폭넓은 도움을 받아 책을 완성할 수 있었다. 『국화와 칼』은 현지 조사를 강조하는 현대의 문화 연구 관점에서 볼 때 미흡한 점이 많지만, 그럼에도 사회적 인성을 정의해 이를 바탕으로 사회 구조를 설명했다는 점에서 의의가 크다.

개인의 성격 외에 인성이나 국민성의 개념을 살펴보았다. 성격이나 인성은 개인적 요소로만 만들어지지 않으며, 사회의 영향을 받을 수밖에 없다. 일상생활에서 우리가 상대방과의 MBTI 궁합을 찾아보거나 관계 문제에 부딪혔을 때 상대방과 나의 MBTI를 활용해 해결 방안을 찾는 것은 어찌 보면 당연한 현상이다. 인간은 사회적 동물이므로 사회 속에서 자신의 성격을 구체화하거나 상대방과의 관계 속에서 자신의 존재를 찾을 수밖에 없기 때문이다.

우리는 왜 MBTI에 열광하고 있는가?

16가지 유형으로 우리를 정의할 수 없다

자신과 타인을 이해하려는 욕구는 인간 사회에서 꾸준히 존재해 왔다. 점성술, 사주팔자, 『토정비결』 등 인간은 비과학적·과학적 방법 가리지 않고 자신이 어떤 특성을 가졌는지 알아내려 노력해 왔다. 근대 이후 과학적 연구 방법을 동원한 심리학의 발전 역시 이런 인간의 본성이 바탕이 되었다.

성격 이해에 있어 도구를 통한 검사 결과 그 자체가 중요한 것은 아니다. 지금 이 글을 읽는 순간에도 우리의 성격과 인성 그리고 가치관은 끊임없이 변화하고 있다. 이러한 심리검사나 MBTI 16가지 유형은 미묘한 변화를 담아낼 수 없다. 세상 모든 사람을 남자와 여자, 동양인과 서양인, 내향적인 사람과 외향적인 사람 등 단순화된 잣대로 구분 지을 수 없듯 MBTI 16가지 유형 역시 우리의 성격을 완벽히 정의할 수 없다. 또 정의할 근거도 없다.

루스 베네딕트(Ruth Benedict)는 미국 뉴욕 출생의 인류학자다. 결혼 전 이름은 루스 풀턴(Ruth Fulton)이며, 바사대학에서 영문학을 전공한후 교사와 시인으로 활동하였으나 컬럼비아대학에서 본격적인 인류학 연구에 빠져들어 아메리칸 인디언 종족들의 민화와 종교로 박사 학위를 받고 인류학과 교수로 재직했다. 대표적 저서로는 『문화의 유형』과 『국화와 칼』이 있다.

사회 속에서 정의되는 사회적 동물인 인간

하지만 지금도 여전히 우리는 MBTI 광풍 속에서 살고 있다. 사람들은 MBTI가 과학적인 심리 연구를 통해 만들어진 검사 도구라고 생각하지만 대부분 심리학자들은 MBTI 검사 도구에 과학적 의미를 부여하지 않는다. 사람들을 유형화하는 검사 도구가 그렇듯 MBTI 역시 사람에 대한 부정적인 편견을 심을 가능성이 높으며, 사람을 온전히 이해하는 기준으로 사용하긴 어렵다.

그럼에도 우리는 앞으로도 MBTI에 열광할 것이다. 과거 점성술이나 혈액형 성격설이 유행했을 당시와 MBTI가 유행하는 지금의 모습이 크게 차이가 없듯 새로운 심리검사 도구나 사람을 유형화하는 방법이 나온다면 또 거기에 빠져들 것이다. 번화가에 널리 자리 잡고 있는 타로점 가게나 사주팔자 상담소가 많은 것 역시 이러한 모습을 보여주고 있다.

지극히 개인적인 조건들로 만들어진다고 생각했던 인성이 사회 내 상호작용 과정에서 만들어지는 것처럼 성격검사에 열광하는 우리의 모습 역시 사회 속에서 타인에 의해 정의되고 있다. MBTI 성격검사에 지나치게 과몰입하여 성급하게 상대방을 정의하는 것은 문제지만 MBTI 검사를 즐기고 유행을 받아들이는 사람들을 비난할 필요는 없다. 사회적 동물인 인간이라면 성격을 유형화하고 나와 맞는 사람인지, 맞지 않는 사람인지 확인하려는 본능을 가지고 있기 때문이다.

4장

왜 예의 바른 아이들이 더 사랑받을까?

교실에서의 불평등한 차별을 재생산하는 문화 자본과 아비투스

요즘 아이들은 예의가 없고 배려도 없어!

　매년 1학기 초 동료 교사들과 사석에서 이야기를 나누다 보면 자연스레 나오는 몇 가지 주제가 있다. 올해 업무는 어떤 걸 맡았냐, 맡은 과목은 몇 개냐, 관리자 선생님들은 어떤 성향이냐 등이다. 하지만 선생님들과 나누는 대부분의 이야기는 지금 가르치고 있는 학생들 이야기로 끝나기 마련이다. 어떤 직업군이나 마찬가지이겠지만 교사들이 모이면 언제나 아이들 이야기가 빠지지 않는 걸 보면 일상생활에 직업이 끼치는 영향력은 결코 무시할 수 없다.

　특히 학기 초에는 아이들에 대한 이야기가 더 다채롭다. 아이들도 새로운 선생님을 처음 만나지만, 선생님들 역시 아이들을 처음 만난 건 마찬가지이기 때문이다. 왁자지껄 이야기를 나누다 보면 선생님들이 지금 학교에서 만난 아이들 이야기를 하는 건지, 지난주에 있었던 소개팅 후기를 들려주는 건지 혼란스러울 때도 있다. 아이들 이야기를 할 때면 눈빛이 반짝반짝 빛나고 행복해하는 선생님들을 보면서 듣고 있는 선생님들 역시 행복감을 함께 나누는 기분이 들게 마련이다.

그런데 때로는 아이들에 대한 긍정적인 부분보다 부정적인 부분 위주로 이야기가 흘러갈 때가 있다. 생활 지도가 힘든 아이들을 만난 경우나 예상치 못한 돌발행동을 자주 보이는 아이들, 입이 거칠어서 항상 입에 욕을 달고 사는 아이들 등 여러 이야기를 듣노라면 교사 생활이 녹록지 않다는 생각이 들게 된다. 최근에는 "요즘 아이들은 예의가 없고 배려도 없어"라는 말을 유독 많이 듣는다. 윗세대가 아랫세대를 버릇없다고 평가하는 것이 어제오늘의 일은 아니지만, 최근 들어 그런 이야기가 늘어난 경향이 있다. 특히 교직 경력이 긴 선생님일수록 "요즘 아이들은 예의가 없고 배려도 없다"는 표현에 격하게 공감하거나 때로는 적극적으로 경험을 공유하는 모습을 보인다. 그런데 정말 과거에 비해 요즘 아이들이 더 예의와 배려가 없는 것일까?

항산이 있는 곳에 항심이 있다

인간관계에 있어 화법과 교양과 매너가 중요하다는 사실은 누구나 알고 있다. 유명 연예인이나 정치인이 일상생활에서 예의 바른 모습이나 배려 넘치는 모습을 보이면 우리는 엄청난 칭찬을 보낸다. 이처럼 사람에 대한 평가에서 매너와 교양, 화법, 예절 등이 비중 있게 반영되는 것은 우리 사회에서 공유되고 있는 약속 중 하나라고 볼 수 있다.

예절과 관련한 속설이 있는데, 예절은 대부분 가정교육에서 학습된다는 것과 가정교육 과정에서 예절 교육이 제대로 이뤄지기 위해서는 집안에 경제적 여유가 있어야 한다는 것이다. "항산(恒産)이 있어야 항심(恒心)이 있다"라는 맹자의 말이나 "곳간에서 인심 난다"라는 말 역시 예절 교육과 가정교육, 경제적 여유 간의 밀접한 연관성을 이야기해 준다.

우리는 왜 예의 바른 친구들과 가까이하고 싶을까?

누구나 학창 시절 예의 바른 친구들과 예의라고는 눈곱만큼도 찾아보기 힘든 친구를 모두 한 번쯤 만나 본 경험이 있을 것이다. 예의 바른 친구들을 볼 땐 그의 인품도 훌륭할 것이라는 막연한 기대감과 함께 가까이 지내고 싶다는 생각이 든다. 반면에 예의 없는 친구들과 지내다 보면 극단적인 경우 그 친구와 관계를 정리하게 될 정도로 함께 있는 것 자체가 낯부끄러운 상황이 종종 생긴다.

그런데 예의 바르지 않다고 평가받는 친구들을 중심으로 주변의 반응을 살펴보면 몇 가지 재미있는 점이 있다. 먼저 예의 바르지 않은 친구에 대한 비난은 대부분 그 친구에 대한 비난으로 끝나지 않는다. '가정교육이 제대로 되지 않았다' '부모가 제대로 가르치지 않았다' 등과 같은 가족에 대한 평가가 뒤따르는 경우가 많다. 친구 개인이 일으킨 문제인데도 우리는 당연하다는 듯 그의 가족까지 함께 비난하게 된다. 다음은 식상할 수도 있지만, 예의 바르지 않은 친구가 정말 도덕적으로 나쁜 사람인 경우는 극히 드물다는 것이다. 그와 가까운 다른 사람들의 평가를 들어보면 '알고 보면 그 친구도 좋은 사람이야'로 끝나는 경우가 대부분이다.

극단적인 경우를 제외하고는 예의 바르지 않은 친구들이 사회적 · 도덕적으로 엄청나게 큰 잘못을 저지르지 않은 경우가 더 많다. 하지만 변하지 않는 것은, 우리는 예의 바른 사람을 가까이 두고 싶어 하지만 예의 바르지 않은 사람은 가까이하고 싶지 않다는 사실이다. 그렇다면 사람들은 왜 예의 바른 사람과 가까이하길 바랄까? 이 질문에 대해 답하기 전에 먼저 우리 사회에서 통용되는 예의에는 어떤 것들이 있는지 살펴보자.

언어 예절로 사회적 계층을 구별할 수 있는가?

존댓말이 함축하고 있는 사회 구조 속 예절의 역할

국어사전에서 예의는 '특정 상황 또는 대상에 대해 존중의 뜻을 표하기 위해 예로서 나타내는 말투 혹은 몸가짐'으로 정의되고 있다. 이것에 따르면 예의는 특정 상황과 특정 대상에 대해 '당신은 저에게 다른 평범한 사람들과 다른 의미를 가집니다'라는 의사 표시로 볼 수 있다. 상대방이 남들과는 다르며 더 중요한 존재라는 점을 강조하기 위해 대개 예의는 일상생활에서는 보이지 않던 조금 더 복잡하고 번거로운 의례 절차를 거치기 마련이다.

한국 사회의 복잡한 예의 절차를 단적으로 보여주는 사례가 바로 존댓말이다. 한국어에서 존댓말은 사용하는 단어, 상대방에 대한 존칭, 상황에 따른 돌려 말하기, 화자의 사회적 지위에 따른 압존법, 나를 의도적으로 낮추기 등 복잡한 규칙에 따라 표현된다. 또 한국 사회에서 상대방이 나보다 '높다'의 기준은 사회적 지위, 계급, 연령, 성별 등에 따라 구체화되고 그에 따른 표현 방법도 매우 다양하다. 이로 인해 존댓말 예절을 완벽하게 구사한다는 것은 한국 사람에게도 상당히 어려운 일인데, 외국인들이 한국어를 배우기 어려워하는 이유로 존댓말 어법을 꼽을 정도로 존댓말은 우리나라를 대표하면서도 장기간의 학습이 필요한 의사소통 방법이다.

우리말의 높임법

유형 1: 상대 높임법

끝말에 어말어미(~요, ~니다)를 붙여 상대방을 높여 주는 높임법

화자 → 상대방	기능	문장 형태
화자 → 부하직원	일방 하대	자네, 잠깐 나랑 얘기 좀 하지.
화자 → 친구	평어	나 지금 밥 먹고 있어. 조금만 기다려.
화자 → 상급자	일방 존대	저는 지금 밥 먹고 있습니다. 바로 가겠습니다.

유형 2: 주체 높임법

주어의 조사를 '~께서'로 바꾸거나 동사에 선어말 어미(시)를 덧붙이는 높임법

화자 → 상대방	문장 형태
화자 → 손아랫사람	그 친구 지금 자고 있어.
화자 → 손윗사람	선생님께서 지금 주무시고 계시다.

유형 3: 어휘적 높임법

명사나 동사를 달리 사용해 사용하는 높임법

밥 → 진지	있다 → 계시다
주다 → 드리다	보다 → 뵙다

출처: 나무위키(namu.wiki), "한국어의 높임법" 중 일부 재구성

사회적 구별 기준이 되는 예절

그럼 어떤 사람들이 이 복잡한 존댓말을 구사하기에 유리할까? 어렸을 때부터 어른들과 가까이 지내며 존댓말을 써 온 사람들이라고 할 수 있다. 하지만 좀 더 본질적으로는 예절을 배울 문화적·학습적 여건이 되면서 동시에 예절을 가르쳐 줄 수 있는 사람이 주변에 존재하는 사람이라고 보는 것이 적절하다.

높임말 속 존대 표현을 구체적으로 살펴보면 학습이 반드시 필요함을 알 수 있다. 예를 들어 음식과 관련한 존댓말을 유창하게 구사하기 위해서는 식사와 밥 그리고 진지 간의 미묘한 차이를 구분해 낼 수 있는 능력이 필요하다. 다음으로 존대해야 할 상대방이 사용하는 단어, 생활 태도, 복장, 각종 비언어적 표현 등 의사소통 과정에서 보이는 여러 정보를 활용해 존대해야 할 상대방이 쉽게 받아들일 수 있는 수준의 언어를 적절히 선택해서 구사해야 한다는 점도 요구된다.

연령대가 비슷한 직장의 상급자나 학교 선배, 군대의 선임 등 높임말을 써야 하는 대상을 상상해 보자. 이 경우 나와 크게 사회·문화적 차이가 없어서 간단한 높임말을 써야 한다. 이 상황에서 과거에 쓰인 극존칭인 "기체후 강녕하셨습니까?"라는 표현을 쓴다면 상대방은 어떤 반응을 보일까? 아마 무슨 말인지 곧바로 이해하지 못하거나 이해하더라도 비꼼이나 장난으로 해석할 것이다. 혹은 이상한 사람으로 여기는 눈초리를 보낼 수도 있다. 이처럼 상대를 존대한다는 것은 그에 대한 정보 수집과 상황에 대한 맥락적 이해가 동시에 이루어져야 하는 꽤 복잡한 과정이다. 존대 표현이 어려운 것은 어찌 보면 당연한 셈이다.

존댓말을 포함한 언어 예절은 전체적으로 볼 때 굳이 하지 않아도 의사 표현 자체에는 크게 지장이 없는 경우가 많다. 하지만 언어를 활용한 대부분의 예절 표현은 그 예절을 구사할 수 있는 사람과 구사하지 못하는 사람을 구별 짓는 확실한 기준점이 된다. 언어, 몸짓, 의복 등 다양한 예절의 구성 요소 역시 그것이 없어도 생물학적 생존에 큰 지장이 생기지는 않는다. 하지만 예절의 구성 요소를 이해하고 구사하는 사람과 그렇지 못한 사람에 대한 사회적 평가와 의미 부여는 완전히 달라진다. 이는 예절이 일상생활에서 요구되는 생활 양식과 차이가 있고 별도의 학습이 필요한 수준 높은 의사 표현 기법이기 때문이다.

이런 특성으로 인해 예절은 중산층과 하류층을 나누는 기준으로 종종 활용된다. 또 사회적 지위가 높은 사람을 만나는 경우 평범한 지위의 사람에 비해 더욱 다양하고 복잡한 예절 표현을 구사해야 하는 이유도 상상해 볼 수 있다. 복잡한 예절은 상대방에 대한 존경 외에도 예절을 알고 있는 사람과 모르는 사람을 사회적으로 구별 짓는 일종의 장치가 될 수 있기 때문이다. 중산층은 경제력이나 가정의 학력 수준 면에서 하류층에 비해 예절 같이 어려운 사회적 대화 기술을 학습하는 데 유리한 환경일 가능성이 높다. 그래서 복잡한 예절을 아는지의 여부가 상대방의 학력과 경제적 수준 및 사회적 위치를 가늠할 수 있는 기준이 되는 것이다.

일상에서의 다양한 예절

언어	상급자를 상대로 존대어를 구사하는 것은 필수다. 자신보다 낮은 사람을 만나더라도 상대방의 동의나 요청 없이 함부로 말을 놓아서는 안 된다.
의복	중요한 자리에서 맨발을 보이는 것은 실례이며, 양말이나 스타킹을 반드시 신어야 한다.
몸짓 (행동)	베개나 문지방을 밟으면 안 된다. 삿대질은 기본적으로 금기시된다. 기침이나 하품을 할 땐 반드시 입을 가려야 한다.
외교적 수사	'유감스럽다(regret to)'는 표현은 '미안하다/실망했다' 등을 완곡히 표현하는 언어다. '솔직한 의견을 교환했다(frank exchange of views)'는 표현은 생각의 차이가 상당함을 완곡히 표현하는 언어다.

중산층과 예절

예절의 사회적 의미를 살펴보았으니 복잡한 예절을 만들고 지킬 수 있는 조건을 가진 집단도 충분히 상상해 볼 수 있다. 예절을 만들거나 일상에서 지켜나가기 위해서는 예절이 표현하는 구체적인 맥락을 이해하고 그 속에 숨어 있는 미묘한 뉘앙스의 차이를 뽑아낼 수 있는 문화적 소양을 갖추고 있어야 한다. 또 예절이라는 문화적 관습을 중시하는 집단에서 생활하면서 예절이 몸에 자연스레 배어 있어야 한다. 이는 이들이 '예의도 모르는 것'들과 자신을 구별 짓고 필요할 경우 '예의도 모르는 것'들과의 관계를 끊어내는 선택을 할 수 있는 집단이라는 의미이다.

위의 모든 조건을 충족하는 집단을 찾는 것은 어렵지만 일부 조건만이라도 일치하는 집단은 우리 사회에 분명 존재한다. 우리는 이들을 경제·문화·정치·사회적 지위 등에 있어 중간 계층 혹은 '중산층'이라고 부른다. 중산층이 알고 있는 예절, 문화적 취향, 일상적 행동 등은 타 계층에서 찾아보기 어려운 나름의 특징이 있다. 또 그 특징을 바탕으로 중산층과 중산층에 미치지 못하는 집단을 구분 짓는 기준, 중산층만이 알고 있는 문화가 만들어지게 된다.

왜 대부분의 모범생과 교사는 중산층에 속해 있는 것일까?

모범생이라는 중산층

학교 이야기로 돌아와 보자. '모범생'이라 불리는 친구들에게는 어느 정도 공통적인 특성이 있다. 우선 적당히 말끔한 외모-잘 생겼다가 아닌, 정돈된 외모와 깔끔한 옷차림 정도-에 수업 내용을 잘 이해하고 학업을 계속해서 이어나갈 수 있는 평균 또는 그 이상의 학업 능력을 가지고 있다. 또 교사의 지도를 긍정적으로 수용하는 한편, 친구들과 원만하게 지낼 수 있는 사회성, 너무 튀지 않는 생활 모습 등 갖추기 힘든 요소들을 살뜰히 갖추고 있다. 이런 것을 보면 모범생들은 정말 대단한 친구들이다.

최근에는 모범생에 대한 기준이 점차 모호해지고 있기는 하지만 그래도 모범생으로 평가받기 위한 핵심 조건을 딱 하나 들라면 대부분 좋은 성적을 이야기한다. 성적이 좋은 모든 학생이 모범생인 것은 아니지만, 모범생 대부분이 학교에서 중상위권 이상의 성적을 유지하는 경향이 있음을 우리는 경험을 통해 알고 있다.

　사람들은 우수한 성적을 받을 수 있는 조건으로 타고난 지적 능력과 끈기 있게 학습에 집중할 수 있는 성실성 등을 이야기한다. 그런데 사실 학교에서 우수한 성적을 받기 위해서는 좋은 지적 능력도 필요하지만, 그보다 교사의 수업 내용을 잘 듣고 내용을 이해하는 능력이 훨씬 중요하다. 특히 중고등학교나 대학교에서는 교과서의 내용을 재구성하고 재배열한 뒤 그 내용으로 평가를 진행하는 경우가 많다. 이 경우 가르치는 사람의 질문을 정확히 이해하는 것이 좋은 성적을 받기 위한 필수 조건이다. 바꿔 말하면 가르치는 사람의 의사소통 구조를 이해하는 것이 좋은 성적을 받는 데 있어 상당히 중요하다고 할 수 있다. 결국 수업을 잘 이해하기 위해서는 농담을 포함한 교사의 언어를 잘 이해하면서 동시에 설명에 대한 배경 지식과 수업 내용 이해에 필요한 사전 지식도 가지고 있는 것이 훨씬 유리할 수밖에 없다.

　수업의 내용과 수업이 만들어진 구체적인 맥락을 모두 이해해야 우수한 평가를 받을 수 있다면 어떤 학생이 모범생으로 평가받기 유리할까? 만약 모범생으로 평가받는 데 있어 성적이 중요한 요소라면 모범생으로 평가받는 학생들은 교사의 발문과 예시를 빠르게 이해할 수 있는 학생일 가능성이 높다.

교사는 대표적인 중산층 집단이다

학생들에게 맥락을 제공하는 교사의 사회적 배경은 어떤가? 현재 제도를 기준으로 우리나라에서 교사가 되기 위해서는 4년제 대학을 반드시 졸업해야 한다. 교사 중에는 석사 이상의 고학력자 비율도 높은 편이다. 게다가 교육대와 사범대의 경우 예로부터 평균 수준 이상-상위권에 가까운-의 성적을 받은 학생들이 많이 진학했고, 교직 이수 과정을 통해 학교에 들어온 교사들은 각 학과에서 상위 10퍼센트 내의 성적을 거둔 경우가 대부분이다. 또 교사 중에는 임용 후보자 선정 경쟁시험 통과를 위해 수차례 시험을 치른 N수생이 많다. 여기에 대학 입학을 위해 재수를 선택한 경우까지 고려하면 개개인이 시험에 응시한 횟수는 더 많아진다.

교사 개인 차원에서 시험 통과를 위해 열심히 준비했던 과거의 경험은 힘들고 고통스러운 시간이었을 것이다. 하지만 어떤 사람들은 자신의 능력이나 꿈과 무관하게 1년 간 시험만을 준비할 여력이 되지 않아 선발시험 자체를 포기하거나 다른 일과 병행하면서 다른 사람보다 힘들게 시험을 준비하는 경우도 있다. 이를 구조적 차원에서 살펴보자. 몇 년간 가정의 경제적 지원을 받으면서 수차례 시험에 도전한다는 것은 경제적 여력이 뒷받침되지 않으면 상당히 어려운 일이다. 이로 인해 사회를 연구하는 여러 학자들은 일반적으로 교사 대부분이 중산층의 성향을 보인다고 말한다. 평균 수준보다 높은 학업 역량, 수년간 시험을 지원할 수 있는 가정의 경제적 여력 등은 중산층을 구성하는 핵심 요소이기 때문이다.

마지막으로 수업과 학교의 교육과정 운영을 살펴보자. 교육과정 운영에 다양한 주체가 참여하지만, 결국 교육과정을 운영하는 가장 중요한 주체는 교사다. 따라서 교사가 살아온 맥락과 사회·문화적 코드가 교육

과정에 반영되는 것도 피할 수 없다. 만약 교사가 중산층의 성향을 띄고 이를 교육과정에 반영한 후 수업 및 평가를 진행한다면 이 모든 과정은 당연히 중산층 출신 학생에게 유리하게 구성될 것이다.

중산층은 어떻게 교실을 주도하는가?

이제 수업을 넘어 학교 공간을 구성하는 요소들을 살펴보자. 수업이 이루어지는 교실 공간을 살펴보면 교사의 관리와 통제 아래 모든 활동이 이루어진다. 크게는 수업의 시작부터 끝까지의 모든 활동과 사소하게는 교실 내부 인테리어까지를 모두 교사가 통제한다. 과거에 비해 많이 변하긴 했지만 여전히 교실 속 활동을 결정하는 권력은 교사가 쥐고 있다. 교실 내 권력 구조에 대해서는 11장에서 자세히 다루고 있다.

학교를 이야기할 때 또 빼놓을 수 없는 이야기가 성적이다. 우리나라에서 성적은 어마어마한 위상을 지닌다. 물적 자원이 부족한 우리나라 특성상 우수한 인적 자원을 확보하는 것이 필수적이다 보니 사회는 사람들 개개인에게 높은 학력 수준을 요구하는 경향이 있다. 높은 학력 수준을 갖추기 위해서는 좋은 학교에 진학해야 하고, 그러기 위해서 학생은 반드시 학교에서 좋은 성적을 거두어야 한다. 학교에서 성적을 부여하는 주체는 교사이므로 성적이 부여되는 과정 역시 교실 속 권력 구조와 밀접한 관련이 있다.

이제 교실 속 권력 구조와 성적 지상주의를 결합해 보자. 어떤 학생이 학교에서 높은 성적을 거두고 사회에서의 성공 가능성이 높은지 충분히 예측 가능할 것이다. 교사가 주도권을 잡을 수밖에 없는 제도권 교육에서는 심리적으로든, 사회적 배경으로든 교사와 가까운 학생이 높은 성적을 거두기에 유리하다. 교사와 학생 간 가까움의 형태는 정서적 특성, 사고방식과 배경 지식 등 학습적 특성 등 다양한 요소가 영향을 끼친다. 가까움의 형태가 중요하진 않다. 어떤 형태로든 한 번 만들어진 가까움은 학생의 수업 이해도와 교사의 학생에 대한 주관적 평가 등에 영향을 미칠 것이다. 또 교사와 가까워진 학생은 타 학생보다 학업 성취 수준이 높은 모습을 보여줄 것이다.

여기에 고등 교육에 비해 상대적으로 재능의 범위가 영향을 적게 미치는 초·중등 교육에서는 학생이 속한 집단이 경제적으로 여유롭고 여러 사교육을 받을 수 있을 경우 더 높은 성취 수준을 보일 것이다. 따라서 중산층 집안에서 모범생이 많이 나오고, 그 모범생들이 지속적으로 높은 성적을 유지하는 데에는 모범생들의 노력 외에 눈에 '보이지 않는 교사의 그 무언가'인 교사의 문화적 배경이 예측하지 못했던 힘으로 작용하게 된다.

중산층 학생은 어떻게 재생산되는가?

정교화된 화법과 제한된 화법

학교 교육과 문화적 코드 그리고 성적 사이에는 이처럼 드러나지 않는 영향력이 상호 간에 작용한다. 문화적 코드와 성적 사이의 관계에 관심을 가졌던 영국의 사회학자

배질 번스타인(Basil Bernstein)은 교육 사회학으로 널리 알려진 영국의 사회학자이자 언어학자다. 그는 학생들의 언어에 관해 연구했으며 종합교육 이론가로 영향을 끼쳤다.

배질 번스타인(Basil Bernstein)은 중산층 자녀들의 학업 성취 수준이 저소득층 자녀들에 비해 높은 이유를 두 집단이 사용하는 언어적 습관을 통해 설명하려고 했다. 번스타인은 중산층 집안이 사용하는 '정교화된 화법'과 중산층에 속하지 못한 집단이 사용하는 '제한된 화법' 사이에서 나타나는 차이가 양 집단의 학업 성취도 차이를 가져온다는 이론을 주장했다.

정교화된 화법과 제한된 화법

정교화된 화법 (elaborated code)	특정 상황에 맞도록 단어의 의미를 개별화하는 화법 예: "사탕을 많이 먹으면 건강과 치아에 나쁘니 사탕을 그만 먹지 않겠니?"
제한된 화법 (restricted code)	듣는 사람이 이미 알고 있다고 생각되는 부분을 생략하고 언급하지 않는 화법 예: "(사탕을) 그만 먹어!"

　학교 공간은 학문적 논리를 체계화하고 재구성한 결과물인 교과를 통해 교육을 수행한다. 따라서 교과는 학문적 논리에 기초한 서술 방식을 사용하고 수업 역시 학문적 논리와 일치하는 구성 방식을 보인다. 논리적 생략과 비약, 상대방과 나와의 밀접함, 깊은 경험 공유 등을 전제하는 제한된 화법은 정교한 논리적 구성, 고도의 추상화와 일반화, 원인과 결과의 관계 설명 등을 전제하는 중산층의 정교화된 화법과 분명한 차이가 있다. 당연히 정교화된 언어 코드를 사용하는 집단의 자녀들이 더 높은 학업 성취 수준을 보일 수밖에 없다. 만약 여기에 교사가 자신의 문화적 배경에 기초한 차별-의도하거나 의도하지 않은-까지 더해진다면 중산층에 속하지 못한 학생들이 학교에서 높은 학업 성취 수준을 거두기는 더욱 어려울 것이다.

학교 문화에 저항하는 노동자 계층의 자녀

영국의 또 다른 사회학자 폴 윌리스(Paul Willis)는 학교의 코드와 관련해 조금 더 급진적인 의견을 제시했다. 영국 내 노동자 계층의 자녀처럼 학교에서 학교 문화에 저항하는 학생들의 경우에는 학교 수업에 적응하지 못해 학업 성취도가 낮아지고, 그 결과로 어쩔 수 없이 노동자가 된다는 것이 기존의 시각이었다. 그러나 윌리스는 노동자 계층의 자녀가 노동자의 길을 자랑스럽게 생각한 결과, 그 길을 스스로 선택하고 학업을 강조하는 학교 문화에 적극적으로 저항하고 일부러 공부를 멀리하기 때문에 낮은 학업 성취도를 보인다고 보았다. 윌리스는 노동자들이 많이 거주하는 지역에서 노동자 가정이 집단적으로 함께 연대해 살아가는 모습에 주목했는데, 아이들이 학교 밖의 '진짜 사회'에서 아빠와 엄마, 이웃 어른들의 삶을 관찰하면서 학교가 아닌 험한 진짜 사회에서 살아가는 방식을 터득한다고 분석했다.

폴 윌리스(Paul Willis)는 현재 영국 킬 대학교에서 사회학과 문화인류학을 가르치고 있다. 윌리스의 책은 폭넓은 맥락에서 고도로 구조화된 것에서 약하게 구조화된 것까지 생생한 문화적 형태들을 연구하는 것에 초점을 맞추고 있다. 이 과정에서 '비공식 문화생산'의 실천들이 '아래에서 시작하는' 다양한 문화적 세계들을 생산하고 구성하는 방식에 주목한다.

윌리스의 분석에 따르면 노동자 가정의 어른들이 살아가는 구체적인 방법은 '권위를 가진 자'에 대한 지속적인 반항과 이유 없는 저항이었다. 노동자 집안의 자녀들은 노동자인 부모들이 작업 현장에서 중간관리자에게 의도적으로 저항하고 반항하는 과정을 통해 험한 작업 환경에서 자신의 가치를 지키고 생존을 보장받는 모습을 보게 된다. 아이들은 자신들도 학교 현장에서 교사에 대한 지속적인 반항과 저항을 통해서 자신의 가치를 보호받을 수 있다고 정의하게 되었다. 노동자 계층의 자녀들은 성인이 되기 전부터 학업과 멀어지는 대신 육체노동과 가까워지는 것을 선택한다. 그리고 그 대가로 일찍부터 벌어들인 돈으로 부모와 독립된 경제생활을 시작하게 된다. 이는 노동자 가정의 자녀들이 자신을 주변의 다른 '진짜 어른'과 같은 모습이 되었다고 정의하게 했고, 학교 교육에 참여해야 할 유인을 거두도록 만든다.

이런 과정이 반복되면 자연스레 노동자가 많은 지역에서는 구조적으로 노동자가 재생산될 수밖에 없다. 실제로 우리나라의 대표적 공업 단지인 울산, 창원, 거제 등 남동 임해 벨트나 농어업이 활발히 이루어지는 지방에서는 세대 간 육체노동 재생산 비중이 비교적 높은 모습을 보인다. 일반적으로 우리나라 1·2차 산업의 경우 노동자가 투자한 노동의 가치에 비해 그 보상이 턱없이 낮은 모습을 보인다. 그런데도 노동자 거주 지역에서 노동자 계층 충원율이 높게 나타나는 이유는 지역에서 하위문화의 영향이 강력하게 작용하고 있는 것으로 추론할 수 있다.

현재의 사회 구조를 재생산하는 아비투스

마지막으로 소개할 학자는 프랑스의 피에르 부르디외(Pierre Bourdieu)다. 부르디외는 교육이나 문화와 관련한 여러 이론 체계를 만들었는데, 부르디외가 정립한 대표적인 개념인 '문화적 자본'을 살펴보자. 부르디외는 교육의 결과가 돈, 토지, 건물 등 경제적 재산과 형태는 다르지만, 실질적으로는 유사한 자본의 성격을 띤다고 생각했다.

자본의 유형 구분

구분	개념	예시
경제적 자본	물질, 자산 등의 형태로 존재하는 자본	재산, 부동산, 소득 등
사회적 자본	사회적 관계망을 바탕으로 형성된 자본	인맥, 사회 안전망 등
문화적 자본	생애과정에서 내면화된 문화적 관점	문화적 취향, 생활 양식(아비투스)
상징적 자본	사회적 상징의 형태로 부여된 자본	명예, 신뢰, 지위, 사회적 존경

부르디외는 인맥이나 지위 등으로 형성된 우수한 사회집단에 속한 그 자체를 '사회적 자본'이라고 일컬었다. 또 교육이나 사회 문화적 배경 등을 통해 얻어지는 지식 수준이나 학위, 자격증이나 문화적 취미 등으로 형성된 자본을 '문화적 자본'이라 불렀다. 여기에서 경제적 자본, 사회적 자본, 문화적 자본은 서로 언제든 교환될 수 있는 관계다. 재벌가가 언제든 사회 명망가와 교류할 수 있고, 문화적으로 뛰어난 소양을 갖춘 사람은 언제든 큰돈을 벌 수 있는 기회를 얻을 수 있는 모습을 떠올려 보자.

부르디외는 다양한 자본 유형 중 특히 문화적 자본에 집중했다. 경제적 자본이나 사회적 자본과 달리 문화를 통해 만들어진 자본은 '자본'의 모습으로 보이지 않는다. 취미를 '자본'으로 해석하는 사람은 없을 것이기 때문이다. 일반적으로 교육이 문화적 여건을 만들고 그 문화적 여건이 개인의 취미나 취향을 만든다는 것까지는 동의할 수 있지만, 그것이 일종의

피에르 부르디외(Pierre Bourdieu)는 프랑스의 사회학자다. 사회학을 '구조와 기능의 차원에서 기술하는 학문'으로 파악하였으며, 신자유주의를 비판했다. 알제리 사회학, 재생산, 구별짓기, 호모 아카데미쿠스, 텔레비전에 대하여, 경제학의 구조 등의 저서를 남겼다. 그가 제창한 아비투스의 개념은 유명하다.

자본 형태가 된다는 이야기엔 선뜻 동의하기 어려울 수 있다.

부르디외는 문화적 자본의 힘을 설명하기 위해 아비투스라는 개념을 사용한다. 아비투스(Habitus)란 습관, 어투, 무의식적 행동 양식 등 일상생활 속에서 학습된 일종의 기질을 의미한다. 개인의 행동 양식 속에 자리 잡은 아비투스는 교육, 성장 과정 등의 사회적 영향력과 밀접한 관계가 있으므로 개인이 사회의 영향을 받는 과정에서 어떤 행동 양식이 자리 잡는지 분석하는 중요한 기준이 될 수 있다.

아비투스는 특정한 사람에게 '체화된', 즉 몸속에 녹아 들어간 문화적 자본의 성격을 띤다. 일상생활 속 언어 코드와 복잡한 예의범절 등을 통해 중산층의 아비투스를 배운 아이들은 중산층인 교사를 만나 학교에 빠르게 적응하고, 쉽게 중산층 위주로 구성된 전문직 사회에 접근할 기회를 얻을 수 있다. 또는 일반적으로 즐기기 어려운 클래식, 승마, 골프 등을 평상시 폭넓게 즐기는 사람들이 만든 사교 클럽—상류층의 사조직 형태—에 접근에 비밀 투자 정보를 공유해 경제적 성공을 얻을 수도 있다. 체화된 자본인 아비투스는 이처럼 언제든 경제적 자본이나 사회적 자본으로 바꿀 수 있으며, 아비투스의 형태에 따라 상이한 사회집단을 구분할 수 있는 기준을 만들어 낼 수도 있다. 부르디외의 사회학 용어를 빌리면, '아비투스는 구별 짓기의 과정을 통해 문화적 자본을 재생산하고, 재생산된 문화적 자본은 경제적 자본이나 사회적 자본으로 언제든 바꾸어서 결과적으로 현재의 불평등한 사회 구조를 재생산한다'고 요약할 수 있다.

여러분이 교사라면 불공정하지 않을 자신이 있는가?

다시 학교로 돌아오자. 평가자의 지위에 있는 교사는 피평가자인 학생을 평가하는 과정에서 자신의 문화적 특징과 유사한 학생을 우수한 학생으로 생각할 가능성이 높다. 그리고 우리나라를 비롯한 대부분 국가에서 교사는 평균 수준 이상의 지식과 학력을 갖추면서도 경제적으로 안정된 중산층에 속한다. 따라서 평가자인 교사의 문화 코드에 맞추어 피평가자인 학생 역시 중산층의 예의 바름, 정제된 언어 사용, 논리적 사고방식, 정교화된 화법 사용 등의 특징을 보일수록 높은 평가를 받을 것이다. 요약하면 중산층인 교사와 유사한 사회 경제적 위치를 보유한 중산층 학생일수록 높은 평가 점수를 받을 가능성이 높다.

높은 평가 점수를 받는다는 것은 앞으로 높은 학력 수준을 획득하기에 유리하다는 것을 의미한다. 높은 평가 점수를 받은 학생일수록 사회에서 선호하는 의료 · 법학 · 상경 · 연구 · 교육 등 속칭 전문직 계통으로 진출할 가능성이 크다. 결국 우리가 '노력의 결과'라고 생각해 왔던 높은 성적과 학교 교육, 시험 간의 연결고리에는 태어난 집단의 언어 코드, 지역의 문화, 예절을 중시하는 세계관 등이 복합적으로 영향을 끼치게 된다. 이들은 '문화적 자본'의 일종으로서 태어나면서부터 보유한 문화적 자본은 직업 선택의 기회나 사회 진출 과정에 직간접적으로 영향을 끼쳐 현재의 계층 구조를 재생산한다.

만약 여러분이 교사라면 여러분과 심리적으로 가까우면서도 평소에 비슷한 생각을 가지고 서로 심리적 궁합이 잘 맞는 학생에게 한 번 더 관심을 기울이는 '불공정한' 모습을 보이지 않을 수 있을까? 혹은 여러분이 평소에 즐겨 사용하는 언어가 모든 학생이 일상생활에서 사용하는 언어라고 자신할 수 있을까? 아마 두 질문에 대해 모두 '자신 있다'고 답변하기 어려울 것이다. 여느 사람과 마찬가지로 대부분 교사들은 자신도 모르는 사이에 몸속에 새긴 아비투스를 계속해서 밖으로 내뿜고 있기 때문이다. 일상생활 속 무의식에 자리 잡은 취향의 잠재적 영향력을 과소평가하고 있는 건 아닌지, 한 번쯤은 우리 생활과 사고과정을 되돌아보고 반성해 봐야 할 것이다.

5장

인정 욕구는 어떻게
게임 랭크 시스템을 망가뜨렸나?

리그 오브 레전드 대리 게임 현상으로 살펴보는 아노미와 트롤링

리그 오브 레전드의
흥행 핵심 요소가 계급 구조라고?

스타크래프트에서 리그 오브 레전드로

2009년 2월 한국에서는 여전히 스타크래프트(StarCraft)가 유행하던 그 시기에 미국에서는 향후 게임계를 뒤집어놓을 엄청난 게임이 출시되었다. 각기 개성이 뚜렷한 17명의 챔피언과 함께 탄생한 이 게임은 이후 미국 게임 시장에서 서서히 입소문을 타기 시작하더니 2011년 12월 한국에서 출시된 이후 말 그대로 전 세계 게임계를 집어삼켜 버렸다. 지금도 명실상부 세계 최고의 인기 게임으로 자리 잡은 이 게임은 '롤(LOL)'이라는 약칭으로 자주 불리는 리그 오브 레전드(League Of Legends)다. 게임계에서 2000년대가 스타크래프트의 시대였다면 2010년대부터는 명실상부 롤의 시대다. 지금까지도 많은 게이머들이 즐기는 최고의 인기 게임 지위를 차지한 리그 오브 레전드는 어떻게 그 지위를 가질 수 있었을까?

리그 오브 레전드의 게임 구조를 살펴보면 매우 단순하면서도 전략적이다. 다섯 명으로 구성된 팀에서 게이머들은 탱커, 딜러, 지원군이라는 역할에 맞춰 탑, 미드, 원거리 딜러, 정글, 서포터라는 다섯 가지 포지션을 부여받는다. 게이머들은 각자의 소규모 거점(라인)을 기준으로 정해진 지역 내에서 경쟁하는 소위 '라인전 단계'와 라인전의 경쟁 결과를 바탕으로 다 함께 모여 힘 싸움을 벌이는 '한타 단계'로 나누어 게임을 진행한다. 전체적으로는 다소 복잡해 보일 수 있지만, 최종 목표는 상대방의 중심 거점인 넥서스를 부수는 것으로 직관적이면서도 꽤 단순한 구조를 하고 있다.

랭킹 시스템과 계급 구조

리그 오브 레전드를 포함한 대부분 게임은 1 대 1이든 다 대 다이든 상대방을 이겨야 끝나는 구조다. 다만 상대방의 거점을 부수면 끝나는 5 대 5의 경쟁 구조가 이 게임의 흥행을 이끈 핵심이라고 할 순 없다. 팀 단위로 경쟁하는 다 대 다 구도의 게임은 이전에도 많았지만 리그 오브 레전드만큼 인기를 끌진 못했기 때문이다.

사람들은 리그 오브 레전드 흥행의 핵심 요소로 '랭킹 시스템'을 꼽는다. 리그 오브 레전드는 이기면 순위가 오르고 지면 순위가 떨어진다는 일반적인 구조에 랭킹에 따른 '계급' 구조를 차용하고 있다. 게이머들은 승리를 통해 일정한 점수를 얻으면 다음 랭크로 진출할 수 있는 5판 3선승제의 티어 승급전을 통과해야 비로소 다음 계급에 속할 자격을 얻는다.

리그 오브 레전드 게임의 핵심 순위 구조는 티어(tier) 시스템이다. 대부분 게이머가 속해 있는 브론즈-실버-골드-플래티넘-다이아몬드의 경우 하나의 티어마다 4개의 하위 단계로 구성되어 있으며, 단계별 상승을 위해서는 승리를 통해 리그 포인트(League Point)를 얻어야 한다. 이 LP가 100점을 초과하면 다음 단계로 올라갈 수 있는 자격을 얻게 된다. 각 티어 별로 1단계에 속한 후 LP 100점까지 채우면 상위 티어로 올라가는 티어 승급전을 치를 자격을 얻는다. 승급전은 5판 3승제로 진행되며, 3승을 거둘 경우 다음 티어로 상승하게 된다.

랭킹 시스템이 품고 있는 인간의 욕망과 본성

리그 오브 레전드의 흥행에는 우수한 게임성과 이해하기 쉬운 단순한 게임 구조 등이 영향을 끼쳤다. 하지만 그저 인기 있는 게임이 아니라 전 세계를 열광하게 만들고 한 세대를 대표하는 게임이 된 데에는 무엇보다 게이머들이 자신의 모든 것을 불살라 집중하게 만든 랭킹 시스템이 있다. 높은 랭크를 두고 벌어진 경쟁이 워낙 인기를 끌어서였는지, 리그 오브 레전드가 정착시킨 랭킹 시스템은 이후 출시된 대부분의 경쟁형 게임에 그대로 이식되어 있다.

앞서 이야기한 대로 리그 오브 레전드는 5 대 5 경쟁을 기반으로 한다. 여기에 게이머 한 명이 게임에 주는 영향력을 극대화하기 위해 어느 한 부분의 균형이 살짝 무너져도 게임이 한쪽으로 급격하게 기울도록 설계되어 있다. 매번 다른 게이머들을 만나야 하는 무작위 매칭 시스템 덕에 게이머들이 게임에 미치는 영향력 역시 늘 다를 수밖에 없고, 속칭 게임을 승리로 '캐리한' 게이머도 매 게임마다 달라진다.

게이머들은 자신을 게임에서 이기게 해 준 베스트 플레이어에게 '캐리했다'는 표현을 쓰며 칭송하는 반면, 게임의 균형을 무너뜨린 플레이어에게 '너 때문에 졌다' '트롤이다' 등의 표현을 쓰면서 비난을 일삼는 경우가 많다. 어느 한 부분의 균형이 조금만 무너지면 곧바로 패배로 이어진다는 점 때문에 패배의 원인을 타인에게 돌리기 쉽고 승리의 주역이 자신임을 드러낼 수 있다는 것은 곧 게임 승리의 기쁨을 느끼기도, 패배의 아픔을 덜어 내기도 쉬운 구조임을 알 수 있다.

패배의 원인을 타인에게 전가할 수 있다는 점은 이전에 없던 새로운 게임 문화를 만들어 냈다. 스타크래프트나 카트라이더 등 일 대 일 게임의 경우 승리와 패배는 모두 자신의 실력만으로 정해진다. 반면에 5 대 5 게임이라면 패배의 원인을 자신에게서 찾지 않아도 된다. 게임에서 지더라도 '남 탓'이 가능한 것이다.

거기에 더해 랭킹 시스템으로 표현된 명확한 계급 구조는 게이머들에게 더 높아지고 싶은 본능을 자극한다. 게이머들은 '내가 게임을 잘한다'라는 추상적인 표현보다 '내 계급은 다이아몬드다'라는 표현을 더 직관적으로 받아들인다. 남들보다 높아지려는, 그리고 높아진 결과물을 보여주려는 인간의 본성이 계급 구조에 녹아 있는 것이다.

랭크별 게이머 분포율(%)

랭크	분포율(누적 비율)
챌린저	0.012(0.012)
그랜드마스터	0.03(0.042)
마스터	0.16(0.2)
다이아몬드	1.6(1.8)
플래티넘	10(12)
골드	24(36)
실버	33(69)
브론즈	25(94)
아이언	6(100)

대리 게임은 어떻게 게임 생태계를 망가뜨렸나?

대리 게임의 등장

리그 오브 레전드가 흥행할 수 있었던 원인이 랭킹 시스템이라면 랭킹 시스템이 자리 잡은 것에는 자신의 실력 외에 귀인(歸因)을 전가할 수 있는 5 대 5 경쟁 구조의 영향이 컸다. 특히 5 대 5의 경쟁 구도에서 어느 한쪽의 균형이 살짝만 기울어져도 게임의 판도가 바뀌는 외부적 불확실성이 큰 것은 게이머들에게 이전의 대전 게임들과 차별화되는 재미 요소로 다가왔다.

게이머들은 항상 더 높은 계급을 갖고 싶어 하고, 그 높은 계급을 남들에게 보여주고 싶어 한다. 높은 계급을 얻기 위해서는 더 많은 승리를 얻어야만 한다. 이러한 상황에서 10명의 게이머가 5 대 5로 게임을 한다고 상상해 보자. 만약 한 명의 게이머가 나머지 아홉 명의 게이머에 비해 실력이 월등히 뛰어나다면 어떻게 될까?

아홉 명의 게이머가 서로 비슷한 실력으로 균형을 유지한다 해도 월등한 한 명에 의해 균형이 깨지게 된다. 외부적 불확실성이 흥행의 원인이었던 리그 오브 레전드에서 5 대 5의 균형을 깰 수 있는 실력자가 게임에 참여한다면 승패는 나머지 게이머들의 플레이에 상관없이 한 명의 손에 의해 결정된다. 만약 랭킹을 올리는 것이 목적인 게이머가 있다면 실력 좋은 게이머가 대신 플레이하도록 해 간단히 랭킹을 올릴 수 있게 된다.

실제로 경쟁 시스템이 적용된 게임에서는 공통적으로 실력자 게이머가 원래 플레이어 대신 게임을 해서 승리를 거두거나 랭킹을 올리는 속칭 '대리 게임'이 큰 문제가 되고 있다. 이는 동일 계급 내 비슷한 실력의 게이머들끼리 짝지어 주고 비슷한 사람들 간의 경쟁을 유도한 후 승자의 랭킹을 조금씩 상승시키는 랭킹 시스템의 허점을 이용한 것이다.

대리 게임이 몰고 온 불공정한 상황

타인의 시선을 의식하는 사람들은 자신이 다른 사람들보다 높은 랭크에 속해 있음을 보여 주는 과정에서 기쁨을 느낀다. 이를 위해 일부는 자신의 랭킹을 올려줄 수만 있다면 금전적인 대가도 치를 수 있다는 의사를 표시한다. 대리 게임이 자리 잡은 데에는 계급 상승에 진심인 사람들의 수요 형성이 큰 영향을 끼쳤다. 대리 게임에 대한 수요가 생기면서 일부 실력 있는 게이머들은 본격적으로 대리 게임 공급에 나서기 시작했다. 어딘가 '뒤틀린 수요와 공급'이 만난 결과, 암시장의 형태로 만들어진 대리 게임 시장으로 인해 랭킹 시스템을 기반으로 한 리그 오브 레전드 게임 생태계도 크게 변화하게 되었다.

대리 게임 시장이 형성된 이후 일반 게이머들은 랭킹 시스템에서 생각보다 자주 실력이 월등한-하지만 게임 속 계급이 같은- 게이머들을 만나게 되었다. 그러자 게임의 승패는 게이머들이 선택한 전략이나 게임에 대한 집중도보다 우리 편이나 상대 쪽에 대리 게이머가 있느냐 없느냐에 따라 결정되는 지경까지 이르기도 했다.

이전에 없던 랭킹 시스템을 통해 새로운 즐거움을 맛본 게이머들은 대리 게임 시장이 형성된 후 자신의 힘으로는 아무것도 결정짓지 못하는 게임 환경을 마주하게 되었다. 매번 게임을 할 때마다 대리 게이머의 유무를 의심하고 다른 게이머들의 실력을 신뢰하지 못할 뿐 아니라 게임을 그 자체로 즐기지 못하는 상황에 내몰리게 된 것이다.

대전형 게임에서는 공정한 경쟁 시스템 위에서 온전히 자신의 실력으로 경쟁 결과를 만드는 과정 자체를 중요시한다. 그런 의미에서 다른 사람들이 게임을 즐길 기회마저 빼앗는 대리 게임은 있어서는 안 될 사회 현상이다. 그렇다면 사람들이 대리 게임에 빠져드는 이유는 무엇일까?

뒤르켐의 아노미 이론으로 대리 게임을 분석한다면?

에밀 뒤르켐(Émile Durkheim)은 사회학의 조상 격으로 분류되는 초기 사회학자 중 한 명이다. 필자가 즐겨 방문하는 MLB 전문 블로그의 운영자인 야구 인플루언서 'chinadrum'이 뒤르켐을 묘사한 글 중에 와닿는 글이 있다.

1990년대 애틀랜타 브레이브스에 존 스몰츠(John Smoltz), 그레그 매덕스(Greg Maddux), 톰 글래빈(Tom Glavine)이 있었다면 사회학에는 에밀 뒤르켐, 막스 베버(Max Weber) 그리고 칼 마르크스(Karl Heinrich Marx)가 있다.

야구를 좋아하지 않는 사람들을 위해 지극히 개인적인 취향이지만 다른 방식으로 표현하면 "배스킨라빈스에 엄마는 외계인, 아몬드 봉봉, 슈팅스타가 있다면 사회학에는 에밀 뒤르켐, 막스 베버 그리고 칼 마르크스가 있다"라고 표현할 수 있다. 뒤르켐은 사회학을 체계화한 초기 학자이면서 지금도 사회 연구에 많은 영향을 주고 있다는 점에서 위대한 학자로 평가받고 있다. 그는 사회 내에서 일어나는 범죄와 일탈 등 비정상적인 상황이 왜 발생하는지를 사회학적 시각을 활용해 설명하려고 노력했다.

뒤르켐이 자살에 관심을 가진 이유

뒤르켐이 연구한 자살은 개인의 행동에 사회가 얼마나 큰 영향을 끼칠 수 있는지를 보여주는 주요 사회적 현상 중 하나다. 뒤르켐의 자살 연구 이전까지는 일반적으로 자살을 설명하기 위해 인종, 기후, 정신적 장애 등 자연적 요소 또는 개인의 생물학적 요소를 활용하는 것이 일반적인 접근 방법이었다. 그러나 뒤르켐은 종교라는 사회적 사실을 통해 자살을 설명하려고 했다. 가톨릭 신자와 개신교 신자 간에는 자살률에 유의미한 차이가 있었다. 이는 강한 사회적 연대를 강조하는 가톨릭의 종교적 특징이 개인주의적 가치관을 보이는 개신교에 비해 더 높은 사회적 통합 수준을 보인 결과, 개신교의 자살률이 높다는 결론을 도출해 냈다.

결국 종교적 차이가 사회 통합 정도의 차이라는 사회적 조건을 만들었고, 그것이 지극히 개인적인 현상으로 보이는 개인의 자살 선택에 영향을 끼쳤다고 볼 수 있다. 자살에 대한 분석은 사회적 조건이나 현상이 사회 외에도 개인의 의식 구조에 영향을 끼칠 수 있다는 뒤르켐의 시각을 보여준 대표적인 사례라 할 수 있다.

* 사회적 사실: 개인에 외재하면서 개인의 행동을 강제하는 사회적 실재물

일탈의 발생과 규범의 제정

뒤르켐은 사회 내에서 자살과 같은 일탈이 발생하는 이유를 설명하는

과정에서 '규범'을 적극적으로 활용했다. 규범이 존재하지 않는 상황에서 일탈이 발생하며, 규범의 부존재 상황은 급속한 사회 변동 과정에서 발생한다는 것이 뒤르켐의 기본적인 생각이었기 때문이다. 그는 사회에서 규범이 존재하지 않는 상황을 '아노미(anomie)'라 불렀다. 아노미의 어원은 '무법, 무질서, 법의 무시' 등을 뜻하는 그리스어 아노미아(anomia)인데, 의미 그대로 규범이 없는 상황 가운데 사회를 혼란에 빠뜨리거나 사회 성원이 남에게 피해를 주는 일탈 상황이 발생할 수 있다는 것이다.

아노미에 빠지는 상황을 조금 더 상세히 살펴보자. 먼저 규범은 어떻게 만들어질까? 어떤 사회든 그 사회가 지속적으로 유지되기 위해서는 기본적인 규칙을 만들고, 그 규칙을 사회 성원 모두가 공유하고 인정하는 과정이 필요하다. 사회 성원이 규칙에 모두 동의하고 수용하는 과정을 거치면 그 규칙은 비로소 사회 전반을 지배하는 운영 원리가 되고 사회는 규범에 따라 안정적으로 운영된다. 그런데 사회 내에서 공유되는 규범은 사람들의 의식 구조에 자리 잡아야만 비로소 규범으로서의 가치를 가진다. 즉 사회 내에서 새로 만들어진 규칙이 성원 대다수에게 규범으로 인정받기 위해서는 만들어진 규칙이나 규범이 사람들의 의식 구조 내에 자리잡는데 필요한 충분히 긴 시간이 소요되어야 한다는 의미이다.

에밀 뒤르켐(Émile Durkheim)은 프랑스의 사회학자이다. 사회학(Sociology)이라는 이름은 오귀스트 콩트에 의해 만들어졌지만, 그 '사회학'이 도대체 뭘 어떻게 연구해야 하느냐에 대해서 제대로 제시한 것은 에밀 뒤르켐이 사실상 최초이며, 통계를 적극적으로 사용하는 현대 사회학의 실증론적 기조를 창시했다고 보아도 과언이 아니다. 때문에 사회학의 종주(宗主)라고 평가받고 있다.

무규범 상태

앞서 일탈은 규범이 자리 잡지 못한 상황에서 발생한다고 했다. 그러면 사회가 변화하는 상황에서 그 변화에 대응하기 위해 새로운 규칙을 만드는 경우를 가정해 보자. 일부 성원들이 노력해 사회 변화에 대응할 수 있는 새로운 제도를 만들었다고 하더라도 사람들은 이를 곧바로 수용하기 어렵다. 또는 사회 성원들이 사회 변화에 적용할 수 있는 새로운 규칙이나 규범을 만들 수 없는 상황일 수도 있다. 뒤르켐은 이 두 가지 경우, 곧 사회 변화 과정에서 새로운 규범을 만들었지만 사람들이 받아들이지 못한 경우나 규범 자체를 만들지 못한 경우에 무규범 상태에 빠진다고 말한다.

뒤르켐의 시각으로 리그 오브 레전드 랭킹 시스템 속 대리 게임 현상을 살펴보자. 대리 게임을 일탈로 규정한다면 일탈이 발생한 이유는 랭킹 시스템이라는 새로운 사회 구조 또는 사회 현상이 등장했기 때문이다. 하지만 최근에 새로 발생한 대리 게임을 규제할 수 있는 규범은 아직 만들어지지 않았고 게이머들 역시 어떻게 해결해야 할지 방법을 찾지 못한 상황에 놓여 있다. 기존 규범이 변화하지 못한 결과, 게이머들은 아노미 상태에 빠지게 되었고, 게임 생태계에서는 대리 게임이라는 일탈이 횡행하게 되었다. 대리 게임이 불공정하고 일탈적인 행위라고 한다면 이를 처벌하거나 금지하는 법적 근거와 사회적 인식이 만들어지고 다시 안정적으로 유지되어야 하는데 그러지 못하는 것이다. 이러한 무규범 상태를 해결하지 못할 경우 게임 생태계에서 대리 게임과 유사한 사회적 문제는 앞으로도 계속 일어날 수밖에 없다.

대리 게임이 만든 아노미 상황

실제 사회의 모습은 어떨까? 대리 게임에 대한 법률적 판단을 보면 「게임산업진흥에 관한 법률」에 이미 대리 게임을 처벌할 수 있는 규정이 입법화되어 있다. 그러나 실제로 이 법률에 따라 처벌받은 사례는 극히 미미하다. 리그 오브 레전드 게임에서 대부분 대리 게임은 듀오 랭크 게임(친구 간 팀플레이를 통해 랭크 게임에 참여할 수 있는 리그 오브 레전드의 매칭 시스템)이나 실전 플레이를 통한 게임 강의 등 대리 게임이 아닌 것처럼 보이도록 변형된 형태로 이뤄지고 있다. 어떤 아이디로 접속했는지는 알 수 있지만 실제 플레이어가 누구인지 알 수 없는 컴퓨터 시스템의 한계 역시 대리 게임을 적발하기 어렵게 만들고 있다. 랭킹 시스템은 만들어졌으나 대리 게임을 막을 시스템이나 제도적 장치나 문화적 풍토 등 어느 것도 확실히 자리 잡지 못한 상황이 바로 뒤르켐이 이야기한 아노미 상황이다.

그렇다면 뒤르켐의 시각에 기초해 대리 게임을 해결할 방안을 찾는다면 어떤 점에 주목해야 할까? 뒤르켐은 아노미 상황을 해결하기 위해 무엇보다 규범을 정상화하는 것이 필요하다고 강조한다. 대리 게임 이용자 및 제공자들에게 강력한 처벌을 일관성 있게 집행하고 대리 게임이 나쁜 것이라는 인식을 확산시키는 한편 게이머들이 대리 게임 자체를 부정적으로 인식하는 사회 분위기와 사회 규범을 정착시키는 것 역시 중요하다.

머튼의 아노미 개념으로 대리 게임을 분석한다면?

다음으로 로버트 머튼(Robert K. Merton)의 관점으로 대리 게임을 이해해

보자. 로버트 머튼은 미국 컬럼비아대학교에서 사회학을 연구했는데, 20세기 미국에서 발생한 여러 사회 현상들을 기능론적 시각에서 설명한 대표적인 학자다. 머튼은 뒤르켐과 마찬가지로 아노미 개념을 활용해 일탈과 범죄를 설명한다.

아노미 이론과 아메리칸드림

머튼의 아노미 이론을 이해하기 위해서는 20세기 당시 미국 사회의 모습을 먼저 이해해야 한다. 20세기 초반 경제 대공황이 일어나기 전만 해도 미국은 '노력만 하면 누구나 경제적으로 성공할 수 있다'라는 기대감이 지배하는 사회였고, 자연스레 미국은 성공을 꿈꾸는 사람들이 모여 새롭게 출발하는 공간이 되었다. 그런데 성공을 추구하는 사람들이 모여 만든 사회가 미국이었다면 당시 사람들은 모두 경제적으로 성공했을까? 당연한 이야기이지만 절대 그렇지 않다. 성공을 원하는 사람들의 수에 비해 성공이라는 열매를 얻을 수 있는 사람의 수는 극히 적었기 때문이다.

이 상황을 개인적 측면이 아닌 사회 구조적 측면에서 분석해 보자. 경제적 성공을 원하는 사람들은 계속해서 미국 사회에 유입되지만, 그들 모두가 성공을 거두는 것은 아니었다. 새로운 사회에서 원하는 성과를 얻는 것은 극소수이고, 다수는 원하는 성공을 거두지 못했다. 그렇다면 미국에서 경제적 성공인 아메리칸드

로버트 머튼(Robert K. Merton)은 대부분의 생애를 컬럼비아대학교에서 교수로 지낸, 미국의 사회학자다. 그는 사회과학의 아버지라 불릴 정도로 현대 사회학에 큰 공헌을 했다. 1957년에 쓴 『사회이론과 사회구조』에서 '미국의 중요한 미덕인 야망이 미국의 중요한 악덕인 일탈행위를 조장한다'고 주장했다.

림을 이루지 못한 사람들은 이후 어떤 선택을 하게 될까? 경제적 성공을 거두지 못한 상태로 미국 사회의 하류층에 정착하는 사람도 있을 것이다. 경제적 성공만을 위해 고향 땅을 등지고 새로운 사회에 진입한 이주민들에게 있어 경제적 성공을 거두지 못했다는 것은 곧 자신들의 전부를 잃어버리는 것 같은 충격이었다.

문화적 목표의 미달성과 일탈의 발생

경제적 성공을 꿈꾸었지만 그러지 못한 이주민이 선택할 수 있는 수단은 많지 않았다. 이주민 대부분은 별다른 기술이나 지식은 물론 사회적 자본도 없는 상황이었기 때문이다. 그중 일부는 마지막 수단으로 범죄를 선택했다. 머튼은 바로 이 과정, 이주민들이 미국 사회에서 하층민이 되거나 그들 중 일부가 범죄자가 되는 것에 주목한다. 그리고 이 구조를 설명하기 위해 '문화적 목표'와 '제도화된 수단'이라는 개념을 활용한다.

문화적 목표란 사람들이 일반적으로 열망하거나 얻기를 원하는 기준 또는 준거를 의미한다. 아메리칸드림에 있어서 문화적 목표는 경제적 성공이다. 제도화된 수단이란 문화적 목표를 달성하는 과정에서 사회적으로 인정되는 합법적인 방법이나 도덕적 · 제도적 · 문화적으로 인정받는 구체적인 방법을 의미한다. 만약 문화적 목표를 달성함에 있어 제도화된 수단이 충분히 제공된다면 문화적 목표 달성을 위해 탈법 · 비합법적인 수단을 동원하는 일탈 행동은 발생하지 않았을 것이다. 반면에 문화적 목표를 달성할 구체적인 제도화 수단이 부족하거나 문화적 목표 달성 자체가 불가능해지는-또는 문화적 목표 달성 자체를 포기하는- 경우 일탈이 발생하게 된다.

경제적 일탈을 어떻게 해결할 것인가?

문화적 목표와 제도화된 수단, 두 개념을 활용해 아메리칸드림이 만들어 낸 두 문화 유형을 살펴보자. 첫 번째 유형은 문화적 목표를 달성하기 위해 제도화되지 않은 수단-비합법적 수단-을 선택하는 경우이고, 두 번째 유형은 문화적 목표 자체를 포기하는 경우이다. 이 외에도 다른 유형이 있으나 여기에서는 두 가지만 보자.

이 중 우리가 살펴보아야 할 유형은 문화적 목표 달성을 위해 제도화되지 않은 수단을 선택하는 첫 번째 유형이다. 돈을 벌기 위해 각종 불법적 수단을 동원하는 마약 거래, 조직폭력배들의 불법 도박 사업, 강도 및 절도, 성매매 등의 상황이 여기에 포함될 수 있다. 머튼은 이런 상황을 물질적 성공이라는 가치를 사회가 구성원 모두에게 강요한 결과 발생한 것이라고 평가한다. 문화적 목표가 모든 성공의 잣대가 될 수 없음에도 불구하고 사회나 사회 성원이 경제적 성공만 강요한 결과, 일탈이 발생한다는 것이다. 머튼은 이러한 상황을 '아노미'라 정의했다.

그럼 이러한 일탈을 해결하는 방법에는 무엇이 있을까? 현실적으로 하층민들이 '문화적 목표를 포기'함으로써 문화적 목표와 제도화된 수단을 일치시키는 방안은 선택하기 어렵다. 당장 우리의 생활만 보더라도 경제적 부를 포기하고 자연으로 돌아가 자연인의 삶을 사는 것은 사실상 불가능하지 않을까? 결국 문화적 목표와 제도화된 수단을 일치시키기 위해서는 더 많은 경제적 성공의 기회를 하층민에게도 부여해야 한다. 따라서 경제적 성공을 이룰 수 있는 공정한 기회를 최대한 많이 확보하고 제공하는 것이 사회적 차원에서 경제적 일탈을 줄이는 가장 좋은 방법이다.

비교하기 좋아하는 사회 분위기 속 대리 게임과 아노미

이를 리그 오브 레전드 랭킹 시스템에 대입해 보자. 게이머들은 단기적으로 게임에서의 승리, 장기적으로 지금보다 더 높은 랭크에 속하는 것을 문화적 목표로 설정하고 있다. 높은 랭크라는 문화적 목표를 달성하기 위해서는 '많은 승리'라는 제도적 수단을 통해 점수를 얻고, 이를 통해 랭크 상승이라는 결과를 만들어 내야 한다. 그러나 5 대 5의 외부적 변수가 많은 랭킹 시스템에서는 나의 게임 실력이 지금보다 극적으로 좋아지지 않는 한 연승을 통해 랭크 상승을 달성하기란 쉽지 않다. 연승이라는 제도화된 수단을 확보하지 못했지만 지금보다 더 높은 랭크에 속하고 싶은 게이머들은 대리 게임을 통해 더 높은 랭크에 속하려고 안간힘을 쓸 것이다.

통계화된 자료는 없지만 대리 게임 업계에서 직간접적으로 종사하는 게이머들은 대리 게임 시장이 가장 큰 곳은 한국과 중국이라고 한다. 이는 문화적으로 타인과의 비교를 좋아하는, 그리고 겉으로 보이는 지표 비교를 통해 자신이 우위에 있음을 증명하기를 좋아하는 한국과 중국의 사회 분위기가 큰 영향을 끼쳤다. 높은 게임 랭크라는 문화적 목표가 공유되었으나 모두가 이를 달성할 수 없는 상황에서 비합법적 수단인 대리 게임이 더욱 판을 치게 된 구조로 분석할 수 있다.

우리는 대리 게임을 어떻게 바라보아야 할까?

그렇다면 대리 게임에 대한 대책은 어떻게 세워야 할까? 머튼의 이론을 적용한다면 모든 게이머에게 랭크에 대한 욕심을 거두라고 요구할 수 없으니 어떻게 하면 제도화된 수단을 만들 수 있을 지 고민하는 것이 적절할 것이다. 모든 게이머에게 문화적 목표에 접근할 수 있는 제도화된 수단을 최대한 공정하게 제공하는 것 자체가 해결책이 될 수 있다. 현재 리그 오브 레전드를 포함한 현재 우리나라의 게임 랭크 시스템 전반에는 대리 게임 문화가 깊게 자리 잡고 있다. 오죽하면 '우리 편에 대리 게이머가 몇 명' 있는지가 내 랭크 상승의 가장 중요한 변수라고 이야기할 정도다. 만약 제도적 수단의 공정한 제공이 일탈을 막을 수 있는 방안이라면 대리 게이머에 대한 엄격한 처벌과 대리 게임을 막을 수 있는 시스템을 촘촘히 구축하고 랭크 시스템 자체를 최대한 공정하게 만드는 작업이 수반되어야 할 것이다.

　장기적인 관점에서는 불법적·비합법적 수단을 동원하여 접근할 수 있는 기회 자체를 박탈하거나 불법적·비합법적 수단을 선택했을 경우 자신에게 리스크가 훨씬 크다는 것을 게이머들에게 알려야 한다. 동시에 지금보다 더 높은 랭크를 원하는 게이머들을 위해 랭킹 상승 기회를 이전보다 더 넓게 제공하거나 랭크 상승 자체를 쉽게 만드는 방법도 검토할 만하다. 문화적 목표와 제도적 수단에 대한 대책이 지속적으로 만들어진다면 게이머들이 대리 게임이라는 극단적인 방법을 통해 랭크를 올리려는 시도 역시 줄어들 것이다.

'가질 수 없으면 부숴버리겠다,' 트롤링이라는 뒤틀린 욕망

　뒤르켐과 머튼의 아노미 이론을 통해 대리 게임이라는 비정상적 상황을 분석해 보았는데, 이번에는 조금 결이 다른 이야기를 해 보자. 리그 오브 레전드의 랭킹 시스템은 승리할 시 랭킹이 상승하고 패배할 시 랭킹이 내려간다는 직관적인 구조를 가지고 있다. 게이머들은 이 랭킹 시스템에서 자신의 랭크가 상승하는 과정을 통해 기쁨을 느낀다는 것은 앞에서도 언급했다. 이 시스템 내에서 자신을 포함해 팀원 모두에게 패배를 안기는 속칭 '고의 패배'를 통해 게임을 즐기는 악성 유저도 있다. 이들은 정상적인 랭크 게임 구조를 망가뜨리는 과정에서 유저들이 보이는 분노, 절규, 슬픔 등을 바라보면서 나름의 재미를 느낀다.

게이머들은 이렇게 고의 패배를 통해 게임 전체를 망치고 팀원들에게 피해를 주는 행위를 '트롤링(trolling)'이라고 부른다. 트롤은 유럽 신화에 자주 등장하는 정령으로 대개 판타지풍 게임에서 나쁜 짓을 하는 괴물 또는 내가 더 강해지기 위해 반드시 처치해야 하는 대상으로 등장한다. 이들은 고대 신화에서 장난이나 방해 등으로 사람을 괴롭힌다고 알려져 있는데, 트롤링 게이머 역시 타 게이머들을 괴롭히는 것이 목적이기에 이런 이름이 붙은 것으로 보인다.

게임 세계에서 트롤링의 역사는 꽤 오래되었다. 리그 오브 레전드에서의 트롤은 대부분 고의로 상대방에게 죽어준 후 경험치나 골드를 제공해 상대방이 더 강해지게 만들어 팀원들이 고통받게 만드는 속칭 '던짐' 플레이로 이루어진다. 즉 자신이 가질 수 없는 높은 랭킹을 우리 편도 가지지 못하도록 하고, 그 과정에서 팀원이 느끼는 고통을 보면서 즐거워하는 가학적 성향이 더 강하다. 막장 드라마의 대사를 인용하자면 "가질 수 없다면 전부 다 부숴버리겠어"라는 가학적 사디즘(sadism)의 형태가 트롤링이다.

게임은 게임으로만 즐겨야 한다

게임 랭크 시스템을 악용한 대리 게임과 트롤링은 공통적으로 게이머가 게임상에서 자신의 실력으로는 가질 수 없는 높은 랭킹에 집착한 결과로 발생하는 현상이다. 우리나라 게이머들의 성향상 게임 내 랭킹은 내 실력의 위치를 확인하는 척도보다 나에게 부여된 새로운 사회적 지위로 해석하는 경우가 많다. 언제나 더 높은 사회적 지위를 원하는 사람들에게 조금의 경제적 투자만으로 높은 랭킹을 얻을 수 있는 대리 게임은 나름의 달콤한 유혹이다. 전혀 다른 현상으로 보이는 트롤링 역시 타인이 높은 랭크라는 지위를 갈망하는 과정에서 타인이 보여주는 패배에 대한 분노와 승리에 대한 집착을 관찰하고 즐기기 위해 의도적으로 만들어 낸 결과물이다. 승리에 더 높은 지위에 대한 집착이 만들어냈다는 점에서 이 둘은 본질적으로 상당히 유사한 현상이라고 볼 수 있다.

우리가 게임을 즐기는 본래 목적은 여가와 취미 그리고 스트레스 해소 등이다. 하지만 최근 게임 생태계에서는 랭킹 시스템 도입 이후 이를 둘러싼 새로운 문제가 계속해서 발생하고 있다. 그리고 대리 게임을 포함한 새로운 문제들은 게이머들의 여가와 취미를 방해하고 오히려 스트레스를 증가시키고 있다.

여느 사회와 마찬가지로 게임 생태계에서도 높은 랭크가 주는 사회적 지위를 얻기 위해 노력하는 것은 정당하며 권장되어야 한다. 다만 다양한 노력에도 더 높은 랭킹으로 나아갈 실력을 기를 수 없다면 현재 나의 위치를 인정하고 다른 유저들과 함께 게임을 게임 자체로만 즐기는 자세도 필요하다. 나의 즐거움이 타인에 대한 피해로 이어져서는 안 된다. 게임 생태계는 다양한 사람이 참여하는 사회이고 온라인 게임은 타 사회와 동일하게 사람들 간의 상호작용 과정이 본질적 요소 중 하나이기 때문이다.

6장

교복의 변천과 몰락, 학교 속 TPO와 상황 정의

학교라는 공간에 대한 재정의와 교복 드레스 코드의 변화

교복과 드레스코드,
의복 예절을 통해 바라보는 사회상

교복의 변천사

학생이라면 반드시 교복을 착용해야 하는 시기가 있었다. 그 시절, 교복을 입는 것은 당연한 것이고, 교복의 변형은 엄격하게 금지되었다. 교복 착용 규정도 꽤 구체적이었다. 바지나 블라우스의 폭은 어느 정도여야 하고 치마는 무릎보다 위에 있어야 하며, 양말의 색깔과 허리띠 착용까지 규정하고 있다. 2000년대까지만 해도 교복에 대한 규제는 지금으로서는 상상하기 힘들 정도로 세세하면서 강압적이었다.

시간을 더 거슬러서 1970년대 교복 문화를 살펴보면 규제 수준은 더욱 강했다. 차이나 칼라와 단색의 검은색으로 대표되는 교복은 학교별로 디자인에 큰 차이가 없었고 교복에 부착하는 학년장과 교표를 통해 제한적으로나마 학생의 학년과 학교를 구분할 수 있었다. 과거로 더 거슬러 올라가면 대학생도 교복을 착용하던 시기가 있었으니, 이쯤 되면 교복의 변천사로 대한민국 학생사를 설명할 수 있을 정도다.

교복의 정체성과 개성의 표현

교복 착용이 당연시되던 시기에 교복은 학생 신분임을 보여주는 대표적인 장치였다. 1980년대에 잠시 교복 자율화 정책이 적용된 시기를 제외하고는 교복은 학생임을 표현하는 가장 직관적인 신분증이자 학생만이 입을 수 있는 특권(?)적인 옷이었다. 2001년에 상영된 영화 「엽기적인 그녀」에서 차태현과 전지현이 교복을 입고 나이트클럽에 입장하면서 주민등록증을 내미는 모습은 그런 의미에서 꽤 도발(?)적이기도 했다. 영화의 영향을 받아 교복을 입고 입장하는 경우 테이블값을 받지 않는다는 이벤트가 유행하는 등 새로운 클럽 문화가 만들어지기도 했다. 최근에는 대학생들이 만우절에 교복을 입고 놀이공원에 놀러 가서 인증샷을 찍고 소셜미디어에 올리는 것이 하나의 문화로 자리 잡은 것을 보면 예나 지금이나 교복이 공식적으로 학생들에게만 허용되는 것이라는 인식은 변하지 않은 것으로 보인다.

교복의 변형이 엄격하게 금지되던 시기에도 중고등학생들은 자신의 개성을 표현할 수 있는 가지각색의 방법을 동원했다. 과감한 친구들은 교복의 바지나 치마를 줄였다가 학생부로 끌려가 된통 혼나면서까지 적극적으로 개성을 표출한 반면 소심한 친구들은 가방이나 신발, 안경 등을 통해 은근히 개성을 표현했다. 하지만 과감한 친구들이나 소심한 친구들, 교사나 학부모, 나아가서 사회를 구성하는 사람들 모두가 받아들였던 사실은 '학교에서 학생은 당연히 교복을 입어야 한다'는 대원칙이었다.

교복에 부여된 '보이지 않는' 그 의미

그런데 학교에서는 왜 다른 옷은 안 되고 교복이나 체육복만 입어야 한다는 규칙을 만들었을까? 상당히 과학적(?)인 방법으로 답을 찾아보자. 일반적으로 교복은 면과 폴리에스테르 등이 혼합된 직물로 만들어진다. 그리고 이 혼합 직물을 적당한 디자인-'적당하다'라는 주관적인 기준에 의해 만들어진 디자인-으로 이어 붙이고 잘라내는 과정을 거쳐 옷이 만들어진다. 학생들은 일반적으로 속옷 위에 이 옷을 입고 학교에 가게 된다.

재단과 재봉의 과정을 거쳐 학생들이 입게 되는 과정까지를 보면 교복을 일반적인 옷으로 바꾸어도 학교 생활에는 전혀 지장이 없다. 적어도 과학적(?)으로는 교복과 일반 옷이 구별되어야 할 이유가 없어 보인다. 그러면 우리는 왜 교복을 학교에서 꼭 입어야 하는 옷으로 받아들이고 있을까? 학교 규정이 교복을 꼭 입어야 한다고 정했기 때문이라는 말로 논의를 끝낼 수도 있지만 조금 더 파고들어 그 이유를 살펴보자.

대개 교사들은 교복이 '학생다움'을 보여주고 학교에 대한 '소속감'을 드러내는 도구일 뿐 아니라 학생이라는 '신분'을 보여주기 때문에 반드시 착용해야 한다고 말한다. 여기에 교복을 입은 학생은 '학업을 열심히 해야 할 의무'가 있다는 이야기까지 한다. 이 정도면 이게 전투복인지, 성자들이 입는 종교적 의복인지 헷갈릴 정도다. 아마도 교복 착용을 중요하게 생각하는 교사들은 교복이 면과 폴리에스테르의 혼합 직물을 덧대 만든 옷이라는 것 이상의 의미를 부여한 것은 아닐까 싶다. 그렇다면 교복에 담긴 보이지 않는 그 무언가의 의미는 어떻게, 어떤 내용으로 부여되었는지 비판적으로 살펴보자.

교복 속 인비저블 썸띵! 교복에 대한 사회적 해석

교복은 학교를 벗어날 경우 나름의 의미를 가질 수 있는 옷일까? 교복은 2022년 기준, 동복 상하의 세트와 하복 상하의 세트를 합해서 30만 원 내외의 가격대를 형성하고 있다. 이는 유사한 품질의 다른 옷에 비해 훨씬 비싼 가격대다. 게다가 디자인상에 특이점이 있어 다른 옷과 섞어 입는 것이 현실적으로 힘들다. 교복이 학교를 벗어나 일상생활에서 입기에는 조금 애매한 옷이라는 점은 모두 공감할 것이다.

그럼 교복은 학교에서 반드시, 꼭 입어야 할 다른 기능이 있는 옷일까? 만약 교복이 시중에서 구매할 수 있는 기성복과 재질은 비슷한데 가격대가 훨씬 비싸고 다른 옷과 매칭시키기 어려운 옷이라면 교복을 학교에서 입어야 할 다른 이유가 분명 있을 것이다. 과학적·경제적 접근으로 이 부분이 증명되지 않는다면 눈으로는 확인하기 어려운 보이지 않는 무언가가 교복 착용을 강제하도록 지탱하고 있는 것으로 해석하는 것이 타당할 것이다.

식상할 수도 있지만 보이지 않는 무언가를 학교 현장에서는 학생다움, 학교에 대한 소속감, 학생에게 부과된 학업이라는 신성한 의무 등으로 설명한다. 교복을 입기 싫어하거나 교복 자체에 반대하는 사람들과 교복을 입어야 한다고 생각하는 사람들의 의견 중 무엇이 더 설득력이 있는지를 알아보기 위해 교복이 정말 보이지 않는 학생다움, 소속감, 학생의 의무를 만들어 낼 수 있는지 알아보자.

학교에 대한 재정의가 교복의 변화를 이끈다?

'신성한 학습의 공간'이었던 과거의 학교

교복의 의미를 분석하기 전에 교복의 존재 기반인 학교 공간에 대한 이야기를 먼저 해보자. 한국 사회에서 학교는 구성원들의 인생 속에서 가정보다 훨씬 더 긴, 하루의 절반 이상을 보내도록 강제받는 최초의 공간이다. 교복을 입고 보낸 10대의 학창 시절이 대한민국 사람이 평생 잊지 못하는 10대의 기억 대부분을 차지하는 것을 보면 한국인들의 인생 속에서 학교 공간은 무언가 더 색다른 의미를 가지는 공간인 것이 분명하다.

과거의 학교는 '격식을 차리고 무언가 공식적으로 배우러 가는 신성한 공간'의 이미지가 강했다. 학생이 교문을 지나 학교에 들어간다는 것은 학생이 가진 다양한 사회적 지위를 모두 내려놓고 학생의 지위를 최우선하여 학교에서 시간을 보내는 것에 동의한다는 무언의 의사 표시였다. 이런 학교 공간에서 학생들은 물건, 옷, 언어, 음식까지 생활과 관련한 모든 것에서 일일이 학생답기를 요구받았고, 학생다움은 금욕과 통제, 질서와 엄격한 상명하복 같은 문화로 구체화되었다. 이 모든 것이 학생이라면 당연히 '학습을 열심히 해야 한다'라는 한국 사람들의 세계관에 의해 정당화되었다.

'편안한 학습의 공간'으로 재정의한 현대의 학교

반면 최근의 학교는 엄격한 규율이 적용되는 신성한 공간이라는 의미보다 편안한 생활이 보장되는 자유로운 공간으로 인식되는 경향이 많다. 우선 과거 학창 시절 강압적인 학교생활을 경험한 학부모와 교사 집단이 더 이상 학교 공간이 강압적이지 않기를 원하는 경향이 강하다. 더불어 사회 역시 학교가 조금 더 자유로운 분위기가 되길 기대하는 면이 있다. 외부 영향을 받아 최근의 학교 공간은 상당히 빠른 속도로 억압과 강제 중심의 분위기에서 편안함과 자연스러움을 추구하는 분위기로 변화하고 있다.

학교 분위기의 변화는 교복의 형태만 봐도 확연히 드러난다. 과거의 교복은 원버튼 차이나 카라, 정장 형태의 재킷, 블라우스, 무채색의 바지나 스커트 하의 등이 조합된 형태였다. 반면 최근의 교복은 라운드 티셔츠나 후드 집업 등 조금 더 편안하고 어느 장소에서든 입을 수 있는 옷으로 변화하는 추세다. 아예 체육복의 형태로 일상에서 언제든 범용으로 입을 수 있도록 디자인된 생활 교복 개념까지 등장하고 있다.

과거와 비교해 현대의 교복 형태에 변화가 생긴 이유는 무엇일까? 사람의 성격이나 사회적 지위 등을 묘사하는 대표적 도구로서의 의복에 대해 사회적 해석을 통해 살펴보자.

정장 형태의 교복이 보편적이었던 이유는?

상황에 따른 드레스 코드

특정한 장소나 상황에 맞추어 옷을 입는 것을 우리는 드레스 코드를 맞춘다고 표현한다. 드레스 코드는 그 자리의 성격, 참여자들의 성향, 연령, 지위 등을 고려해 사회적으로 규정된다. 일반적으로 공식적인 자리이거나 참석자의 연령대와 사회적 지위가 높은 사람들이 참여하는 행사 그리고 전통과 격식이 중시되는 자리에서는 까다로운 드레스 코드를 요구한다. 또 시상식이나 국가 간의 외교적 만남, 기업 간의 공식 미팅 등

단체 대표자로 참여하는 경우에는 의복의 스타일, 머리 형태, 메이크업, 액세서리, 향수나 화장품의 사용 등 전반에 걸쳐 구체적인 드레스 코드를 요구받는다.

반대로 일상적 모임이거나 사회적 지위가 모임의 중요한 요소가 아닌 경우, 편안한 분위기를 추구하거나 비공식적인 자리인 경우 자유로운 드레스 코드가 적용되거나 아예 드레스 코드를 요구받지 않는다. 친구들 간의 만남이나 야외 스탠딩 콘서트 등에서 자유롭게 옷을 입는 경우가 그렇다.

이 외에도 특정 기념일을 기리거나 특별한 모임의 경우 의복의 컬러나 콘셉트를 미리 지정해서 일종의 소속감을 표현하기도 한다. 할로윈 파티나 크리스마스 드레스 코드가 대표적이다.

다양한 드레스 코드의 특징

외교, 의전, 시상식	남성은 정장, 여성은 드레스를 착용하는 것이 기본이나 특정 국가를 대표하여 행사에 참여할 경우 그 국가의 전통의복 등을 착용하기도 함. 기본적으로는 남성은 무채색, 여성은 적당히 기품 있는 드레스를 착용하지만, 행사 참여자의 성향 등에 따라 퍼스널 컬러를 맞춘 옷을 착용하기도 함.
결혼식 등 예식	남성은 턱시도, 여성은 드레스를 착용하는 것이 기본이나 군인, 경찰, 소방관 등 특정 직군에서는 유니폼으로 예식 복장을 대신하기도 함.
연주회, 공연 등	적당히 품위 있는 평상복을 입는 것이 권장됨. (남성: 셔츠와 청바지, 여성: 튀지 않는 원피스나 바지와 블라우스 등)
일상적인 이벤트	이벤트의 성격에 맞추어 다양한 드레스 코드를 정함. (크리스마스를 기념하는 붉은 색 드레스 코드, 현충일을 추념하는 무채색 드레스 코드 등)

패션업계에서는 드레스 코드를 'TPO'로 설명하기도 한다. 시간(Time), 장소(Place), 상황(Occasion)의 영문 앞글자를 딴 TPO는 드레스 코드를 구

성하는 중요한 3요소다. 항공사 크루나 군인, 경찰 등 유니폼을 입을 것을 요구받는 직종은 상황적 요소를 중시한 드레스 코드를 직원들에게 요구한다. 또 격식을 차리는 까다로운 자리는 시간, 장소, 상황을 모두 고려한 드레스 코드를 구체적으로 요구하기도 한다.

학교공간이 가지는 사회적 의미와 TPO

교복을 한 번 살펴보자. 과거 학생들이 반드시 교복을 입도록 강제 받은 시간은 등교부터 하교까지, 혹은 교외에서 진행되는 각종 공식 행사에 학생 신분으로 참여할 때였다. 또 교복을 반드시 착용해야 하는 장소는 교내 또는 공식 행사가 진행되는 공간이다. 즉 교복 착용을 강요받는 시공간은 학교 교육이 진행되는 상황과 일치한다. 과거 교복이라는 드레스 코드를 결정짓는 요소는 '학교 교육'이었고, 이를 통해 우리 사회가 학교 교육을 매우 공식적이면서도 중요한 이벤트로 여겼음을 엿볼 수 있다.

우리 사회는 전통적으로 학교를 교육이 이루어지는 공식적인 공간으로 인식했고, 배움을 상당히 신성한 사회적 행위로 규정했다. 과거로부터 이어진 교육을 중시하는 이런 문화는 학문을 가르치는 스승을 존경하는 문화나 미래의 지도자가 될 학생들을 아끼고 보호하는 문화에서도 쉽게 찾을 수 있다. 물론 교육 자체가 일종의 계층 이동을 위한 사다리 역할을 했던 산업화 시기의 사회 분위기도 영향을 끼쳤을 것이다. 학교가 공식적인 학습공간이라면 당연히 학교 공간에서의 드레스 코드 역시 공식적 드레스 코드와 유사할 것으로 예측할 수 있다.

학교공간에 대한 재정의와 드레스 코드의 변화

공식적 드레스 코드를 대표하는 것은 수트와 블라우스 형태의 정장이다. 이를 통해 전국의 교복이 정장 형태의 드레스 코드를 띠게 된 이유를 합리적으로 추론하는 것도 가능하다. 반대로 최근에는 학교를 격식을 차려야 할 공간으로 정의하지 않는다. 편한 교복을 추구하는 최근의 트렌드 형성에는 학교 공간에 대한 관점 변화가 큰 영향을 끼쳤다.

학교 교복의 변화를 이해하기 위해서는 사회의 어떤 부분이 학교 공간을 공식적 공간에서 편안한 공간으로 재정의하는 계기가 되었는지 알아야 한다. 학교에 대한 사회의 인식 변화, 교육에 대한 사회적 평가나 기대의 변화가 원인일 수 있다. 혹은 과거의 강압적인 학교 문화 속에서 성장해 온 사람들의 비판과 성찰이 원인일 수도 있고, 학교 구성원들의 학교에 대한 주관적 인식 변화가 원인일 수도 있다. 어쨌든 학교 공간에 적용되던 공식적 드레스 코드는 점차 허물어졌고 학교 공간 역시 편안함을 추구하는 공간으로 재정의되는 것이 최근 추세다.

반바지를 입고 장례식장에 가도 괜찮아진 이유는?

인간 사회 속 예식의 의미

드레스 코드를 포함해 다양한 행동 양식이 적용되는 사회 현상 중 하나가 예식(ceremony)이다. 관혼상제로 대표되는 예식은 인간 삶의 시작과 끝 그리고 그 과정에서 발생하는 여러 중요한 이벤트들을 포함하고 있다. 우리는 생애 가운데 출생 후 100일, 출생 후 1주년 기념행사 및 결혼식, 60번째 생일을 기념하는 환갑잔치, 장례식, 명절 제사 등 큼직한 예식들을 거친다. 그 외에도 생일이나 입학 및 졸업식, 취직 축하, 브라이드 샤워나 베이비 샤워 등 소소한 예식을 갖기도 한다. 그 가운데 우리 인생에서 큰 의미를 가지는 예식은 뭐니 뭐니 해도 결혼식과 장례식이다. 좀 더 공식적인 의미가 부여되고 많은 사회적 규칙이 적용되는 장례식에서의 예법과 드레스 코드를 생각해 보자.

장례식은 사망한 사람의 인생을 정리하는 예식이면서 동시에 남아 있는 사람들의 이후 인생을 응원하고 슬픔을 나누면서 서로 위로를 주고받는 예식 행사다. 과거에는 장례식장이 상속에 초점을 맞추어 사망한 사람의 사회적·경제적 후계자가 누구인지 공식화하는 자리가 되기도 했다. 하지만 법에 의한 상속이 일상화되고 사회적 지위의 세습이 더 이상 허용되지 않는 데다 가족 구조가 확대 가족에서 핵가족으로 급속히 변화되면서 후계자를 확정하는 의미로서의 장례식은 퇴색되었다.

일반적으로 장례식은 망자의 가족들을 포함한 남겨진 사람들이 서로 위로하고 슬픔을 나누는 것을 목적으로 한다. 이 외에도 유족들이 일상생활에 안정적으로 복귀하도록 심리적 안정감을 제공한다. 또 장례식은 죽음을 다루는 예식이다 보니 종교적 의미가 중요한 요소가 된다. 죽음이라는 객관적이면서도 추상적인 현상에 대한 종교적 해석은 경건함, 슬픔, 유쾌함 등 다양한 형태로 나타나는데, 우리 사회의 경우 죽음과 장례식을 슬픔과 경건의 의미에 기초해 해석하고 구성하는 것이 일반적이다.

죽음을 맞이하는 다양한 문화

- 우리나라에서는 죽음이 임박한 사람을 집으로 데려와서 임종을 맞게 하는 경우가 많다. 집은 병원에 비해 비위생적이며 병을 더욱 악화시킬 수 있으나 '집안'에서 죽는 것을 좋은 죽음으로 분류하기 때문이다.
- 아프리카의 일부 지방에서는 죽음을 앞둔 환자의 옆에서 북과 꽹과리를 치며 격렬한 춤과 노래를 하고 가능하면 환자가 그 행위에 참여하는 것을 권장한다. 죽음과 질병을 종교와 신앙의 관점에서 해석하기 때문이다.
- 동서양을 불문하고 왁자지껄한 장례식장 분위기를 만드는 문화가 있다. 축제와 유사한 장례식장 분위기를 만들어 유가족의 슬픔을 나누는 것이 목적인 경우가 대부분이다. 장례식장에서 노름을 하면서 왁자지껄하게 노는 것이 권장되는 한국과 필리핀의 문화, 발인 전날 밤새우고 놀면서 고인에 대한 기억을 나누는 아일랜드의 문화, 운구 과정에서 재즈로 재편곡한 장송곡을 연주하는 뉴올리언스의 문화가 대표적이다.
- 최근에는 인간 외에 반려동물을 가족으로 인식하는 경우가 많아짐에 따라 반려동물이 죽었을 경우 인간과 유사한 장례 절차를 치르는 경우가 늘어나고 있다.

장례식 속 드레스 코드

우리나라의 장례식 드레스 코드는 슬픔과 경건함을 강조하는 형태를 취하고 있다. 조선 시대에는 장례식을 주관하는 상주와 가족들이 삼베옷을 입고 음식을 삼가는 모습을 통해 경건함과 엄숙함을 표현하려고 했다. 산업화 이후에는 전통적인 삼베옷 대신 검은색 정장이나 원피스와 흰색 셔츠 등의 드레스 코드로 슬픔과 경건의 감정을 표현했다.

산업 구조의 변화 과정에서 장례식을 주관하는 상주와 가족들의 드레스 코드에 큰 변화가 있었지만, 이보다 더욱 극적인 변화는 장례식을 찾는 조문객들의 드레스 코드에서 찾아볼 수 있다. 과거에는 상주의 드레스 코드만큼이나 조문객들에게 요구되는 드레스 코드도 상당히 구체적이었다. 드레스 코드 외에 장례식에 적용되는 예식 절차까지 복잡하다 보니 조문객들은 장례식 방문 전 구체적인 예법-분향, 곡, 상주와의 인사 방법, 장례식장에서의 금기사항 등-을 공부하고 예식장에 적용되는 드레스 코드-무채색의 복장, 과한 향과 화장 금지 등-를 맞춘 후에야 예식에 참여할 수 있었다.

점차 변화하고 있는 조문객의 옷차림

예식 절차에서도 과거 예식을 주관하는 상주들은 복잡한 예식 절차를 직접 공부하고 예식을 주관했다. 예식 절차에 잘못된 부분이 있거나 예식이 원활하게 진행되지 않으면 상주가 사회적으로 비난을 받을 정도로 예식 절차는 망자에 대한 슬픔과 경건만큼 중요하게 여겨졌다.

그러나 최근 장례식장의 모습은 과거와 많이 달라졌다. 상주 대신 상조회사가 장례식을 대행해서 주관하는 상품 영업이 성행할 정도로 사람들이 장례식 절차를 학습하는 것에 큰 의미를 두지 않는다. 물론 예식 절차 역시 상당히 간소해졌다.

이러한 변화는 조문객의 드레스 코드에서 더욱 극적으로 드러난다. 최근 장례식장을 살펴보면 조문객들에게 요구되는 드레스 코드의 경우 상당히 간소화되거나 최소한의 드레스 코드마저 요구하지 않는다. 과거에는 드레스 코드를 갖추지 않은 조문객이 장례식장에 방문한 경우 이를 고인에 대한 모독으로 여겨 무례하다고 평가하거나 심한 경우 장례식장 입장 자체를 막는 경우가 많았다. 하지만 최근에는 드레스 코드나 예법과 무관하게 조문객이 장례식장을 찾아 고인과 인사하고 상주와 가족들을 위로하는 것 자체에 큰 의미를 둔다. 조문객에게 예법이나 드레스 코드를 요구하기보다 장례식장을 찾아와 함께 슬픔을 나눈다는 것 자체를 감사하게 여기는 문화로 바뀐 것이다.

장례식장 속 조문객 옷차림이 변화한 이유는?

조금 극단적이긴 하지만 최근 장례식장에는 운동복이나 등산복, 청바지, 심지어는 반바지나 미니스커트를 입고 방문하는 조문객도 심심찮게 볼 수 있다. 물론 검은색 정장 중심의 드레스 코드를 갖추지 않은 조문객에게 비난하는 모습도 여전히 볼 수 있다. 그러나 중요한 것은 장례식 드레스 코드를 사회가 요구하느냐 아니냐가 아니라 장례식에 기대하는 드레스 코드와 예식 절차에 대한 해석 자체가 변화하고 있다는 점이다. 예식에 대한 사회적 시각이 절차주의에서 실용주의로 변화하고 있으며, 이러한 모습이 예식 문화나 교복 문화 등 과거 엄격한 예법과 드레스 코드가 적용되었던 분야부터 변화가 일어나고 있다.

사회적 차원에서 중요한 것은 현상에 대한 구성원들의 해석과 의미 부여 그 자체다. 교복이나 장례식 의복처럼 과거에 비해 극적으로 변화한 문화 현상에 대한 사람들의 해석을 파악해야 할 이유가 여기에 있다. 예법이나 드레스 코드 등 생존에는 필수적이지 않지만 지키도록 사회적으로 강요받는 문화는 대부분 여러 요인이 종합적으로 영향을 끼친 결과로 만들어진 사회적 구성물의 성격이 강하다. 그 요인에는 특정 사회 현상에 대한 사람들의 해석과 의미 부여, 사회 속에서 만들어진 인간관계에 대한 상황 정의, 당대 사람들의 인생관 등이 있다. 특히 드레스 코드나 예법은 고정된 것이 아니라 시공간과 구성원의 변화에 따라 지속적으로 변화한다.

시각 차이를 공유하고 합의점 찾기

우리나라는 농업 사회에서 산업 사회로, 다시 정보화 사회로 변화한 시기가 70년 이내로 상당히 짧았다. 또 수도권과 비수도권, 도시와 농촌의 생활상에서도 큰 차이를 보이고 있고, 인구 구조에서도 급격한 변화를 맞이하고 있다. 무엇보다 사회가 급속히 변화하는 과정에서 가족의 형태, 관혼상제와 관련한 예법에 대한 사회적 인식, 전통적 예절에 대한 의미 부여 형태도 크게 변했다. 세대별·지역별 특징이 다양한 집단일수록 상식이라고 생각하는 드레스 코드나 예법 등에서 큰 차이가 나타나는 것은 어쩌면 당연하다.

학교의 경우 다양한 세대가 공존하는 공간이다 보니 타 사회에 비해 드레스 코드나 예법에 대한 시각 차이가 크게 나타난다. 그런 점에서 교복 문화 변천사에 대한 분석은 우리 사회의 변화 과정을 돌아볼 수 있는 기회가 될 수 있다. 일반적으로 사회 내에서 발생하는 가치관의 차이로 인한 집단 간 충돌은 사회 분열이라는 결과로 이어질 우려가 있는데, 학교는 사회 변화에 유연하게 대처하면서 새로운 교복 문화를 정착시키며 세대 간 충돌을 원만히 해결하고 있기 때문이다.

예법은 특정 상황에 대한 사회 구성원의 주관적 의미 부여와 상황 정의 등이 만들어 낸 구성물이다. 복잡한 예법이나 규칙이 적용된다는 것은 그만큼 구성원들이 그 현상을 중요하게 인식하고 있다는 의미다. 세대 간 대립이 새로운 사회 문제가 되고 있는 현 시점에서 각자가 알고 있는 예법에만 집중하고 그것이 새로운 갈등 요소가 되는 것은 좋은 현상이 아니다. 그보다 상황에 대한 시각 차이를 서로 공유하고 서로의 생각을 맞춰 가는 것이 것이 더 좋은 사회를 만드는 방법일 것이다.

상징적 상호 작용론이 설명하는 주관적 의미 부여의 과정

예법은 사람들이 만들어 낸 대표적인 사회 현상 중 하나다. 상징적 상호작용론자들은 고정된 사회 현상이란 것이 존재하지 않는다고 생각한다. 이들은 예법을 포함한 모든 사회 현상의 의미가 '객관적으로 존재하는 것이 아닌 사람들 간의 상호주관적 정의 과정에서 만들어진 것'이라고 주장한다. 상징적 상호작용론의 세계관에서는 사회 구성원이 특정 상황에서 어떻게 생각하는지가 무엇보다도 중요하다.

- **상황** : 태어난 지 19년이 되는 해의 5월 16일, 사람들이 서로 장미꽃과 향수를 교환하는 상황
- **단계 1** : 사람들이 서로 사회적으로 성인이 됐음을 인정한다.(생물학적으로 후손을 낳을 수 있을 만큼 성숙했음을 알리는 생식 능력의 발현과는 무관하다.)
- **단계 2** : 사람들은 서로 장미꽃과 향수를 주고받는다.(장미꽃과 향수를 받는 사람은 주변으로부터 성인이 되었음을 인정받는다.)
- **단계 3** : 장미꽃과 향수에 '성인으로서 인정한다'라는 새로운 주관적 의미가 부여된 결과, 장미꽃과 향수를 주고받는 행위는 '성인이 되었다'는 의미를 부여하는 의례 과정이 된다.
- **단계 4** : 단계 1~3이 반복적으로 행해진 결과, 5월 16일이라는 특별한 날에 주고받는 장미꽃과 향수는 '성인이 되었다'를 상징하는 새로운 의미를 가지게 된다.

상징적 상호작용론의 관점에 의하면 세상에는 그 어떤 고정된 현상도 존재하지 않는다. 이는 거대해 보이는 사회 역시 실제로는 개별 인간의 행위에 따라 주관적으로 구성된다는 전제에서 출발한다. 상징적 상호작용론은 사회 속 다양한 문화 현상이 상징의 연합물이며, 상징이 가지는 의미를 해석하는 것이 사회 이해의 핵심적인 절차라고 말한다.

7장

'안녕'에 담긴 진짜 의미는?

익숙한 교실 속 언어 구조 뒤집기

안녕?

"안녕?" "어서 오세요." "반갑습니다." "처음 뵙겠습니다." 우리가 자주 쓰는 인사말들이다. 이 외에도 특정 직업군에서 사용하는 구호 형태의 인사말까지 합하면 일상생활에서 사용하는 인사말의 종류는 정말 다양하다. 인사말만 다양한 것이 아니다. 손짓, 몸짓 등 제스처도 인사를 표현하는 다양한 방법 중 하나다. 상황에 맞는 다양한 인사법을 많이 아는 사람이 교양 있는 사람으로 평가받던 시대도 있었고, 황제처럼 지배자에게는 격에 맞는 복잡한 예법을 갖춘 인사를 해야 할 때도 있었다. 이처럼 인류사에서 인사의 세계는 오묘하고 복잡한 모습을 보여 왔다.

안녕하세요?=간밤에 아무 일 없었어요?

다양한 인사말 중에서도 한국 사람들이 압도적으로 많이 사용하는 인사는 '안녕하세요'다. 가장 대중적이면서도 어느 장소와 어떤 사람에게 사용해도 무난하고 어색하지 않은 편리(?)한 인사말이다. 그런데 왜 우리는 사람들과 인사할 때 '안녕'하냐고 물을까? 국어사전에서 안녕을 찾아보면 '편하거나 친한 사이에서 주고받는 인사말'이라는 의미 외에도 '아무 탈 없이 편안하다' '몸이 건강하고 마음이 편안하다'의 의미도 있다. 그렇다면 '안녕하세요'는 '어제 별일 없었어요?' '간밤에 아무 일 안 일어났어요?'라고 해석할 수도 있다.

　이 인사말을 뒤틀어서 해석해 보자. 인사를 받는 사람이 '간밤에 아무 일 없었어요? 혹시 누가 간밤에 습격하진 않았나요?'로 해석한다면 어떻게 될까? 아마 인사를 받은 사람은 '왜 안녕하냐고 묻는 거니? 혹시 나에게 안 좋은 일이라도 일어나길 바란 거야?'라고 되물을 것이다. '간밤에 나에게 큰일이 생겨서 오늘 너를 보지 못했다면 너의 기분이 매우 좋았겠구나.' 이렇게 한마디 더 비꼬면서 거들어 주면 엎친 데 덮친 격이 될 것이고 두 사람의 관계는 파국으로 치달을 것이다. 물론 실제 이런 형태의 대화는 거의 없을 것이다. 그럼에도 이러한 상상은 우리가 주고받는 언어의 속뜻과 진짜 형태를 알기 위해 꼭 필요하다.

　우리가 주고받는 '안녕(安寧)'이라는 인사말에는 앞에서 언급한 본래의 의미는 거의 사라지고 단순한 인사로서의 의미만 남았다. 문자로서의 안녕과 실생활에서 사용되는 안녕의 의미에는 차이가 있는 건 분명하다.

언어는 어떻게 사회의 특성을 반영하는가?

안녕 외에도 생활 속에서 원래의 뜻과 다른 의미로 통용되는 단어들은 쉽게 찾아볼 수 있다. '시원하다'라는 단어는 차가운 물을 벌컥벌컥 들이킬 때나 야구 경기를 보다가 아이스박스 속 콜라를 마실 때 보통 사용한다. 그런데 공중목욕탕에서 뜨거운 물 속에 몸을 담글 때나 뜨끈한 국밥 또는 해장국의 뜨끈한 국물을 들이킬 때도 '시원하다'라고 표현한다. 시원하다의 사전적 의미는 '덥거나 춥지 않고 알맞게 서늘하다'인데, 왜 우리는 뜨거운 음식을 먹을 때나 뜨거운 물에 몸을 담글 때도 시원하다는 표현을 쓰는 걸까? 게다가 '시원한 해장국'이라는 말을 들을 때 우리는 왜 냉면처럼 차가운 육수에 얼음을 동동 띄워 놓은 해장국이 아니라 뚝배기에 담아 갓 끓여 낸 뜨거운 해장국을 떠올리는 걸까?

　'시원하다'라는 소리는 사람이 들이마신 공기가 성대를 울리면서 소리가 만들어지고 그 소리를 윗니나 아랫니 또는 입천장, 혓바닥, 입술 등 다양한 입속 부분과 인위적으로 부딪히는 과정에서 구체적인 형태로 변조된, 공기 떨림의 조합일 뿐이다. 또 '시원하다'라는 문자 역시 선과 점의 조합으로 그려진 그림일 뿐이다. 소리로 표현하거나 글자로 적어 낸 '시원하다'와 '안녕하세요' 그 자체에는 '음식이 뜨거우면서 속을 후련하게 한다' 혹은 '몸이 건강하고 마음이 편안한 상태'를 떠올려야 할 포인트가 전혀 존재하지 않는다.

　그런데 우리는 '안녕하세요?'라는 글씨를 보면 자연스레 간단한 인사말을 떠올리고 '그 국물 참 시원하네'라는 표현을 보면서 자연스레 뚝배기에 담긴 뜨거운 국물을 떠올린다. 왜 그럴까? 이를 이해하기 위해서는 언어가 가진 힘과 사회적 특성을 알아야 한다.

해럴드 가핑클(Harold Garfinkel)은 캘리포니아대학교에서 가르쳤던 사회학자로 하버드대학교에서 탤컷 파슨스의 지도로 박사학위를 받았다. 논문 제목은 「타자의 지각: 사회 질서의 연구」였다. 파슨스와 알프레드 슈츠 등에게 영향을 받았으나, 이에 그치지 않고 새로운 사회학적 연구 방법론인 '민속방법론'을 창시한 것으로 유명하다. 사회 질서 연구에서 시작해 가정, 학교 그리고 법정과 같은 사회에서 각각의 사회 구성원이 어떠한 '방법'을 사용해 자신의 평소 활동을 질서 지우고, 그것을 관찰 가능한 것으로 하고, 보고 가능한 것으로 하는지를 연구했다. 대표 저서로 *Studies in Ethnomethodology*가 있다.

해럴드 가핑클의 위반 실험

미국의 사회학자 해럴드 가핑클(Harold Garfinkel)은 일상생활에서 일어나는 사람들의 행동이나 대화가 담고 있는 진정한 의미를 알기 위해 일상생활방법론(혹은 민속방법론)이라는 연구 방법을 만들어 냈다. 가핑클은 대화를 구성하는 단어의 사전적 의미로는 확인할 수 없는 화자가 공유하는 사회적 맥락 속 지식을 확인하기 위해 대화의 배경을 의도적으로 삭제하거나 당연히 공유된다고 생각하는 배경을 파괴하는 '위반 실험'을 사용했다.

A: "오늘 하루도 즐겁게 보내세요!"
B: "오늘 하루 중 언제를, 무슨 의미로 즐겁게 보내라는 거죠?"

인사를 주고받는 과정에서 화자 A는 사회적 맥락에 기반한 상용어구를 사용해 인사를 건네고 있지만, 화자 B는 이를 단어 음절로 해석하고 재질문을 하고 있다. 사전적 의미에서 B는 마땅히 할 수 있는 정상적인 질문을 던졌지만, 우리는 A가 사회적으로 잘못했다고 생각하지 않고 B가 잘못된 반응을 보였다고 생각한다. 가핑클은 위반 실험을 통해 우리의 일상생활 속 언어적 상호작용이 실제로는 훨씬 더 깊고 복잡하며, 사회적 상호작용 과정에서 구조화된 사회적 관습과 규칙 위에서 이루어진다고 설명했다.

앤서니 기든스, 필립 W. 서튼, 『현대 사회학』, 을유문화사, 2018.

언어의 사회성과 역사성

신조어란 새롭게 만들어진 말을 일컫는다. 새로운 문화 현상이 발생할 경우, 이를 표현하기 위해 사람들은 이전에 없던 새로운 단어를 만들어 낸다. 사회적 제도처럼 언어 역시 사회의 변화에 비해 그 변화가 제도화되고 공식적으로 정착하는 과정이 느리기 때문에 대부분의 신조어는 생성될 당시의 문화적 상황을 보여준다. 따라서 신조어는 그것이 만들어진 당시의 사회상을 유추하는 데 효과적인 수단이 된다. 한편 표준어가 존재하는데도 유사한 뜻의 신조어가 사회 내에서 널리 쓰인다는 것을 언어의 본질 중 '언어의 사회성' '언어의 역사성' 등과 연결 지어 설명하기도 한다.

언어의 역사성	언어가 시간의 흐름에 따라 생성·변화·소멸함.
언어의 사회성	언어는 사람들 간의 사회적 약속을 통해 만들어진 일종의 약속이므로 개인이 임의로 만들어 낼 수 없고 언어를 바꾸고자 하여도 사회 성원 대다수가 함께 사용해 주어야 함.

언어의 사회성·역사성 등으로 인해 언어는 시간에 따라 변화하며, 변화의 동력은 사회 구성원 전반의 언어 사용 습관에서 나온다. 결국 언어 역시 사회가 정해 둔 규칙대로 흘러가는 것이 아닌 사람들 간의 사회적 상호작용 속에서 규정되는 사회적 조건의 일부다.

언어는 사회에 따라 어떻게 의미가 바뀔까?

언어는 사회적으로 어떻게 만들어지고 쓰이게 될까? 또 언어가 앞에서 이야기한 것처럼 단순한 소리 혹은 점과 선의 조합으로 만들어진 낙서 이상의 생각을 주고 받을 수 있는 매개체로서의 의미를 가진다면 언어를 통해 우리가 생각을 나눌 수 있는 구체적인 이유는 무엇일까?

한국 사회에서 '밥은 먹고 다니니?'의 의미

'밥은 먹고 다니니?'라는 표현을 살펴보자. 이 표현은 한글 문자로 이루어져 있고 안울림소리이면서 예사소리인 'ㅂ'으로 시작한다. 우리는 선과 점으로 이루어진 한글을 사용해 '밥 먹었니?'라고 표현한다. 물론 청각적·시각적 자료 외에 점자나 돌출문자 등 촉각을 활용해서 표현하는 방법도 있다. 문장과 문법적 측면에서 분석해 보면 '밥'과 '먹다'를 활용해 기본 의미를 구성하고 의문형 어미인 '-니?'를 붙여서 상대방의 상태를 확인하는 형태로 문장의 방향성을 결정하고 있다.

하지만 '밥은 먹고 다니니?'의 진짜 의미를 이해하기 위해서는 한국 사회에서 '밥'이 가지는 의미를 알아야 한다. 예부터 한국인은 주식인 쌀을 중요시하고 밥을 먹지 않으면 힘이 생기지 않는다고 생각했다. 그래서 처음 보는 사람에게도 "언제 밥 한 끼 해요"라고 인사할 정도로 쌀과 밥을 사랑하고 밥 중심의 생활을 해왔다. 한국인에게 밥은 곧 생활이고 인생이고 삶인 것이다. '밥은 먹고 다니니?'라는 말에서 '밥 안 굶고 잘살고 있니?' 혹은 '살아가는 데 힘든 것 없니?' 등의 의미를 찾을 수 있다. 이러한 인사말은 밥의 의미를 한국인들이 어떻게 해석하고 있는지를 직관적으로 보여주는 사례다.

그런 의미에서 이 대사가 쓰였던 영화 「살인의 추억」의 장면은 참 의미심장하다. 범인이라고 굳게 믿고 세 번째 용의자(박해일 분)에게 위법적 · 강압적 수사를 자행했던 경찰(송강호 분)이 범죄 현장에서 발견한 증거물에서 채취한 DNA와 범인이라고 믿었던 그 인물의 체액 속 DNA가 일치하지 않는다는 검사 결과를 보고 허탈해한다. 그리고 "밥은 먹고 다니냐?"라고 건넸던 한 마디는 안부를 물을 수 없는, 안부를 물어서는 안 되는 사람이 안부를 묻는 아이러니함을 연출했다. 밥을 활용한 인사말이 등장인물(나아가서는 관객)이 느낄 허탈함과 비통함을 보여주는 장치로 기능했던 것이다.

언어의 사회적 의미

그러면 '밥은 먹고 다니니?'라는 말을 들었을 때 안부 인사를 떠올리는 과정은 어떻게 될까? '밥은 먹고 다니니?'의 진짜 의미는 소리나 문자에서 오는 것이 아니다. 소리나 문자가 조합된 언어를 사용하는 사람들이 그 언어에 의미를 부여하고, 그렇게 쓰자고 암묵적인 약속을 해 온 것이 굳어진 것이다. '밥'이라는 단어는 '흰색의 김이 모락모락 올라오는 쌀을 쪄낸 음식'이라는 의미 외에 '안정적이고 평화로우며 생존에 필요한 기본적인 의식주를 만족시키는 상황'이라는 의미를 부여했다고 해석할 수 있다. 그렇다면 '밥은 먹고 다니니?'는 밥을 먹었는지 확인하는 것이 아니라 '별일 없이 잘 지내니?'라는 전혀 다른 의미가 되는 것이다. '밥은 먹고 다니니?'를 '별일 없이 잘 지내니?'로 해석하기 위해서는 '밥'에 대한 인식이 사람들 간에 어느 정도 공유되고 있어야 가능하다.

사회학에서는 이처럼 '어떤 의미를 부여하는 과정이나 의미가 부여된 대상물 그 자체'를 상징이라고 부른다. 상징과 상징 속 의미가 만들어지는 과정이나 상징의 구체적 의미를 분석하는 것은 그 숨겨진 모습을 이해하는 데 도움이 된다.

이밥에 고깃국, 기와집에서 비단옷?

> 1964년은 우리 인민의 생활 향상에서 새로운 거대한 전환의 해가 될 것입니다. … 우리 인민은 모두가 다 기와집에서 이밥에 고깃국을 먹으며 비단옷을 입고 사는 부유한 생활을 누리게 될 것입니다.
>
> 1962. 10. 23. 북한 최고인민회의, 김일성 연설 중 일부

북한 정권의 프로파간다 중 하나로 '이밥에 고깃국을 먹게 해준다'는 유명한 표현이 있다. 물론 건국 후 한 번도 지켜진 적 없는 표현이며, 현재는 북한 정권의 경제적 무능을 보여주는 대표적인 관용 어구로 자리 잡았다.

북한 정권이 '이밥에 고깃국'이라는 표현을 프로파간다 목적으로 사용하는 이유는 무엇일까? 현재 북한의 생활 수준이 쌀밥을 의미하는 이밥에 고깃국은 커녕 기본적인 의식주를 갖추고 살기에도 어려울 정도로 낙후된 상황이기 때문이다. 인류 사회의 평균적 생산 수준이 계속 발전해 가고 있음에도 불구하고 북한의 경제적 생산 능력은 발전하기는 커녕 오히려 퇴보하는 모습을 보이고 있다.

'언어의 상대성'이라는 개념이 있다. '사피어–워프 가설'로도 잘 알려진 이 개념은 언어가 사람의 생각과 사고의 방향, 사고의 틀과 깊이 등에 의식적·무의식적으로 큰 영향을 끼친다는 의미. 북한 정권이 '이밥에 고깃국'을 먹을 수 있는 국가를 만들자는 프로파간다를 지속적으로 주민들에게 노출하는 것은 주민들에게 이밥에 고깃국으로 대표되는 경제적 번영을 앞으로 제공해 주겠다는 약속이며, 경제적 생산성 향상을 위한 국가의 노력에 개인이 헌신적으로 참여하도록 하는 문화적 여건을 만들기 위해서다.

상징은 어떻게 만들어지는가?

이제 '상징'이 어떤 과정을 통해 만들어지는지 살펴보자. 상징이 만들어지기 위해서는 사람들 간에 특정 상황(혹은 살아가는 과정에서 마주치는 장면)에 대해 동일하거나 유사한 생각의 공유가 있어야 한다. 그 공유된 생각을 기존에 있던 대상이나 새롭게 만들어 낸 대상물에 붙어 넣으면 원래의 대상물과 전혀 다른 새로운 의미를 가진 상징이 만들어지게 된다.

기독교의 '십자가'는 대표적인 상징물 중 하나다. 고대 로마의 사형 방식 중 하나였던 십자가 형틀은 예수가 십자가형을 받은 이후 기독교를 뜻하는 상징물로 자리 잡았다. 예수가 타인을 위해 희생한 성인(聖人)이다 보니 예수의 최후를 표현하는 '십자가에 대신 못 박히다'라는 문장은 타인을 위해 희생하는 사람을 뜻하는 관용어구로 쓰이게 되었다.

십자가

　　　　　　　　　　윤동주

쫓아오던 햇빛인데,
지금 교회당 꼭대기
십자가에 걸리었습니다.

첨탑(尖塔)이 저렇게도 높은데,
어떻게 올라갈 수 있을까요.

종소리도 들려오지 않는데
휘파람이나 불며 서성거리다가,

괴로웠던 사나이,

행복한 예수 그리스도에게

처럼

십자가가 허락된다면

모가지를 드리우고

꽃처럼 피어나는 피를

어두워 가는 하늘 밑에

조용히 흘리겠습니다.

십자가를 보면서 교회를 떠올리는 우리의 마음속을 생각해 보자. 예수와 십자가라는 전혀 관련 없어 보이는 두 대상물이 만나고 십자가형을 연결고리로 예수와 십자가 형틀이 서로 이어진다. 이후로 우리는 예수와 십자가를 동일시하게 된다. 이제 십자가를 보면 타인을 위해 희생한 예수를 떠올리게 되고, 십자가가 희생을 의미하는 대상물이 된다. 십자가와 예수, 희생이라는 관련 없는 개념들이 하나로 이어지는 과정에서 십자가가 이 모두를 포괄하는 '상징'으로 자리 잡는다. 상징은 이처럼 관련 없는 개념들이 서로 연결되는 과정에서 대상물에 새로운 의미가 부여되는 과정을 통해 만들어진다.

앞서 이야기한 '안녕하세요?' '시원하다' '밥은 먹고 다니니?' 등의 표현 역시 동일하다. 새로운 상황 정의와 의미 부여 과정을 통해 이전에 없던 새로운 의미가 더해진 것이다. 우리가 사는 사회에 존재하는 모든 대상물(심지어 사회 현상까지도)은 계속해서 이전에 없던 새로운 의미를 부여받고, 또 계속 확장하고 있다. 극단적으로 이야기하면, 원래의 의미와 다른 의미를 담고 있는 중요한 상징물만 잘 분석해도 그 사회의 분위기, 문화, 사람들이 중요시하는 것 등 문화적 맥락을 충분히 알아낼 수 있다.

'안녕하세요?' 속 의미 전달과정에서 문제가 발생하지 않는 이유

'안녕하세요?'를 좀 더 분석해 보자. 앞서 이야기한 것처럼 만약 사람들이 건넨 '안녕하세요?'라는 인사를 '왜 간밤에 안녕하셨는지 확인하는 거니?'라고 되묻는다거나 '안녕'이라는 단어에만 집중해 상대방의 머릿속 생각을 지레짐작한다면 아마 이상한 사람 취급을 받을 것이다. 대부분은 '안녕하세요?'라는 문장을 사전적 의미와 관계없는 단순한 인사로 해석하기 때문이다.

'안녕하세요?'를 왜 이렇게 해석하게 되었을까? '안녕'에 대한 의미를 사회가 공유하고 있기 때문이다. '안녕'이라는 단어가 인사를 대표하는 상징물이 될 수 있었던 이유도 사람들이 그 의미를 보편적으로 공유하기 때문이다. 이렇게 한 문화권 내에서 상징물이나 문화적 현상 등에 대한 의미, 시각 등을 보편적으로 공유하고 동일·유사한 반응을 보이는 것을 '문화의 공유성'이라고 한다. 외부의 시각에서 볼 때 이해하기 힘든 여러 문화적 현상이나 전통들이 사회 구성원들 사이에서는 당연한 현상으로 인식되거나 사회 내에서 안정적으로 유지되는 경우를 볼 수 있는데, 이는 문화의 공유성에 의한 결과이다.

문화의 공유성은 기본적으로 사회 구성원들의 생각이나 문화 현상에 대한 해석이 안정적이고 쉽게 변하지 않음을 전제로 만들어진다. 그런데 문화적으로 공유된 시각이 사회나 구성원들의 인식 변화를 따라가지 못하거나 잘못된 생각이나 편견을 바탕으로 만들어진 것이라면 변화가 필요할 것이다. 변화를 요구하는 과정에서 문화를 둘러싼 생각이 충돌하면서 사회적 갈등이 발생하기 마련이다. 그런데 최근 우리나라의 계층이나 세대 간 갈등이나 세계 차원에서 일어나고 있는 인종·종교·국가 간 갈등 대부분은 이런 문화를 둘러싼 시각 차이에서 발생하고 있다. 지금 이 순간에도 '여자는 이래야 해' '학생은 이래야 해' '군인은 이래야 해' '수능이 가장 공정한 방식이야' '성공이 최고야' 등 한 번쯤은 다시 평가해보아야 할 가치나 생각이 매우 자연스러우면서도 공고한 모습으로 문화나 상식의 가면을 쓴 채 사람들 사이에서 공유되고 있다.

공유된 상식에 대해 비판적 평가가 필요한 이유

문화 현상은 사람들의 생각을 바탕으로 만들어진다. 사회 성원의 대부분이 특정한 생각을 가지고 살아간다면 그런 생각이 반영된 문화가 만들어지는 것 역시 당연하다. 이렇게 만들어진 특정한 문화들은 지금 여기의 시각으로 바라보면 당연한 것일 수도 있지만, 한 발 뒤에 서서 비판적으로 바라보면 의구심이 드는 경우가 있다. 그래서 문화 현상에 대한 비판적인 평가가 반드시 필요하다.

우리 문화권 속 어딘가에서 지금도 공유되고 있을 '비판받아야 할 문화'를 공유된 상식이라는 이유로 무비판적으로 받아들인다면 우리는 과거부터 만들어져 현재까지 내려온 악습과 폐습을 없앨 수 있는 기회를 날려 버릴지도 모른다. '왜 이러지?'라는 의구심이 드는 문화 현상을 만났을 땐 한 번쯤 비판적으로 바라보아야 할 이유가 여기에 있다.

예술 작품이 우리에게 영감을 주는 이유

현실에서 '공유'를 전제로 각종 상징물을 있는 대로 사용해 사람들의 영감을 자극하는 활동이 있다. 우리는 이를 '예술'이라고 부른다. 예술 활동은 일견 비생산적으로 보일 수도 있지만 알고 보면 예술만큼 오묘하게 효율적이면서 생산적인 활동이 없다. 시공간적 제약으로 표현할 수 없는 온갖 생각과 상상을 상징을 활용해 표현하는 과정이 바로 예술이기 때문이다.

우리가 즐기는 대중문화 속에서도 예술 작품을 통해 상징을 주고받는 모습을 자주 볼 수 있다. 예를 들어 공포 영화나 드라마에 등장인물이 애인을 상대로 "꼭 살아서 돌아올게. 걱정하지 마"라는 대사를 날리면 대부분 그 인물은 사망하게 된다. 사람들은 이런 클리셰를 '사망 플래그를 세웠다'고 표현하는데, 공식으로 통용되는 것은 아니지만 상투적으로 사용하는 이러한 표현 방식은 예술 작품을 만들 때 기본적인 규칙이 된다. 이 규칙을 따르는 것도, 이 규칙을 뒤트는 것도 모두 사회적으로 만들어진 상징에 대한 예술 작가의 해석이고, 해석의 결과인 예술 작품을 통해 우리는 새로운 영감을 받게 된다.

메타포와 클리셰

은유법을 의미하는 메타포(metaphor)는 언어를 사용하는 각종 예술 작품(영화, 책, 연극 등)에서 자주 사용하는 표현 방식이다. 메타포는 원 관념과 보조 관념을 동일하게 사용하여 대상을 설명하는 묘사 방법으로서 겉으로 보았을 때 전혀 관계없는 두 대상물을 이어 내는 형태로 표현된다.

예를 들어 영화 「기생충」에서 재물과 운을 가져다준다는 관상용 수석(壽石)은 주인공 기택의 가정이 가질 수 없는 부를 묘사하거나 부유함에 집착하는 주인공 기택의 인생 가치관을 표현하는 메타포로 사용되었다.

대체로 일관되게 사용되는 관용적 표현을 뜻하는 클리셰(cliché)는 과거 활자 인쇄 과정에서 자주 사용하는 단어나 관용어구를 미리 만들어 두는 조판 양식을 의미했다. 현재는 예술 작품을 표현하는 작가들 사이에서 공유되는 일종의 불문율의 성격을 가진다. 예를 들어 학교를 주제로 한 창작 작품에서 주인공은 맨 뒷자리 창가에 앉아 있으며, 가족의 사랑을 주제로 한 드라마에서는 어릴 적 헤어진 가족을 기어코 찾아내고야 마는 등장인물들의 피나는 노력이 등장하며, 강력한 괴물이 등장하는 시리즈 영화에서는 괴물이 죽은 줄 알았는데 알고 보니 살아 있더라는 도입부나 다음 시리즈 예고가 등장한다.

메타포와 클리셰는 한정된 공간과 시간을 활용해 세계관을 표현해야 하는 예술 작품에서 두루 사용되는데, 잘 사용될 경우 작가가 이야기하고 싶은 내용을 경제적으로 표현하는 도구가 될 수 있다. 하지만 남발할 경우 상투적인 예술 작품이라는 비판을 피할 수 없다. 따라서 메타포와 클리셰는 작가의 작품 구성 역량을 확인하는 기준이 되기도 한다.

언어가 집단 간 분열과
대립의 기준이 되지 않길 바라며

앞에서 살펴본 것처럼 언어는 소리와 글자의 결합체로만 이루어진 게 아니다. 우리가 평소에 사용하는 언어는 고도의 상징체계의 혼합으로 이루어져 있고, 단어 하나에도 매우 많은 사회적 배경이 깃들어 있다. 우리가 친구들과 아무런 무리 없이 의사소통할 수 있는 이유는 동일한 언어를 사용한다는 점 외에 친구들과 동일하거나 유사한 경험을 공유하며 살아온 것이 영향을 미치기 때문이다.

예술 작품 역시 마찬가지이다. 고도의 상징의 결정체인 예술 작품을 보면서 우리가 나름의 해석을 내놓을 수 있는 이유는 사회에서 공유되는 세계관이나 사회적 배경 지식이 우리의 머릿속에 깔려 있기 때문이다. 작품을 해석하는 사람이 어떤 맥락과 배경을 가지고 있느냐에 따라 다른 해석을 내놓을 수 있는 것이 예술 작품이라면 그 해석을 받아들일 수 있느냐 없느냐는 사람들이 어떤 인식을 공유하고 있는지에 따라 달라질 것이다.

이처럼 언어나 예술 작품은 집단 내 성원 간의 인식 공유를 기반으로 만들어진다. 만약 언어나 예술 작품 속 인식 공유를 우리와 상대 집단을 구분하는 수단으로 사용한다면 언어는 생각을 나누는 매개체가 아닌 편 가르기 도구로 쓰이게 된다. 최근 우리나라에 나타나는 사회 속 대립을 살펴보면 상대 집단을 은연중에 경멸하는 의미가 담긴 은어를 꽤 광범위하게 사용하는 모습을 쉽게 찾아볼 수 있다. 이러한 형태의 언어 사용이 확대될수록 사회의 분열과 대립은 점차 심해질 것이다.

사회는 공유와 연대를 위해 만들어진 인류의 위대한 발명품이다. 집단의 응집력을 키우기 위한 도구로 사용되는 적절한 은어나 신조어는 분명 필요하다. 하지만 언어를 생성하고 사용하는 주체 입장에서 우리가 사용하는 언어가 가진 맥락, 언어에 부여된 의미 등을 한 번쯤 고민해 보면 좋겠다. 앞으로 우리는 '안녕'한 상태로 살아가야 할 이유가 충분히 있기 때문이다.

8장

가장 효율적인 입시 준비 전략은
사회적으로 가장 합리적일까?

맥도날드화를 통해 본 입시 제도의 문제와 비합리화

정시와 수시, 한국 사회를 관통하는 두 대학 입시 제도

매년 9월만 되면 고등학교는 엄청나게 바빠진다. 아이들도, 교사들도 모두 분주한 하루를 보내느라 정신이 없다. 때로는 모두 넋이 나간 것처럼 멍하니 있기도 하고, 또 어느 시점이 되면 아이들은 세상 다 잃은 표정으로 눈물을 뚝뚝 흘리기도 한다. 교사들은 이런 아이들을 달래기 위해 사방팔방 뛰어다니면서 위로와 진심 어린 조언을 건네느라 바쁘다. 이런 모습은 10월에서 11월쯤 되면 대부분 사라지고 언제 그랬냐는 듯 평소처럼 적당히 와자지껄하고 적당히 정신없는 학교로 돌아간다.

대부분 이미 알고 있겠지만 9~10월의 고등학교가 다른 시기에 비해 더 바쁜 이유는 단 하나, 고3 학생들이 대입 원서를 작성하는 기간이기 때문이다. 대학 입시는 학생들이 처음 마주하는 인생의 전환점이기 때문에 학생과 교사 모두 심혈을 기울여 입시를 준비하게 된다. 이 외에도 학생들은 입학시험 준비 과정에서 평생 해 보지 않은 면접도 준비해야 한다. 그러다 보니 일선 고등학교에서는 모두가 입시 준비로 정신없는 시기를 보내게 된다. 아이들은 자기소개서를 처음 써 보고 생전 해 보지 않은 면접 연습을 해야 한다. 교사들은 정돈되지 않은 자기소개서를 몇 번이나 읽고 아이들과 함께 수정하는 한편, 면접 지도까지 해야 한다. 그런 점에서 이 시기는 학생에게나, 교사에게나 곤혹스럽게 다가온다.

9~10월이 입시 집중 준비 기간이라고들 하지만, 실질적으로 고등학교는 1년 365일 내내 대학 입학과 관련한 일을 하고 있다고 생각해도 무방하다. 원서 제출 기간에 아이들이 써내는 자기소개서 이외에도 평소 아이들이 수업 중 보인 활동을 정성적으로 평가하고 기록하는 학교생활기록부의 '교과별 세부 능력 및 특기 사항', 동아리 등 수업 외 활동을 정성적으로 기록하는 '동아리 세부 활동 기록', 담임 선생님의 연 단위 관찰 결과를 종합적으로 기록하는 '행동 발달 및 종합 의견' 등 고등학교 재학 기간에 경험한 모든 것은 기록의 대상이 되고 이 자료 역시 대학 입학 과정에서 평가의 대상이 된다.

아이들은 말 그대로 '등교부터 하교까지의 모든 활동'을 평가받고 교사들은 평가한다. 또 대학 입학 원서를 제출한 후 1차 서류 평가에 통과한 경우 2차 면접시험을 치러야 하므로 실질적으로 3년의 모든 시간이 대학 입학을 위한 평가 대상이 된다고 봐도 전혀 무리가 없다. 과거 수능 시험만 잘 치르면 되던 일제식 지필고사 위주의 입학시험 시스템과 비교하면 현재의 대학 입학 시스템은 이해하기 어렵고, 실행하기도 힘들고, 준비하기는 더 힘든 복잡한 모습으로 변하고 있다.

이쯤에서 대학 입시 제도에 대해 깊게 이야기해 보자. 현재의 대학 입시 제도는 학생에 대한 3년간의 관찰 결과를 다각도로 활용해 점수화시킨 후 순위에 따라 선발하는 복잡한 형태를 띠고 있다. 그렇다면 당연히 고등학교는 복잡한 대학 입시 제도에 대응하기 위해 학생들을 다양한 방법으로 길러내고, 대학은 그 다양한 학생들을 특성에 맞게 평가한 후 선발하는 시스템을 갖추고 있지 않을까? 여기에 대한 답을 찾아보기 전에 먼저 지금의 수시중심 입학제도가 자리 잡기 전의 대학 진학 통로였던 대학수학능력시험을 살펴보자.

좋은 수능 성적=원하는 대학 입학?

대학수학능력시험은 약 10년 전만 해도 대학 입학을 결정짓는 가장 중요한 시험이었다. 글쓴이 역시 수능을 통해 대학에 입학한 세대였고, 지금도 머릿속에는 수능에 대해 좋은 기억과 나쁜 기억이 뒤엉켜 있다. 아마 1970~90년대 사이에 태어난 사람들은 수능에 대한 특별한 기억이 하나씩 있을 것이다.

수능 이야기를 하면 항상 머릿속에 먼저 떠오르는 것이 매주 토요일 친구들과 함께 학교에서 자습하면서 먹던 비빔밥에 대한 기억이다. 짝수 주는 주5일제, 홀수 주는 주6일제가 적용되던 시절이라 급식이 제공되지 않는 홀수 주만 되면 자율학습을 위해 도시락을 싸 와서 점심을 해결해야 하는 어려움이 있었다. 분업의 원리를 적용해 각각 어떤 반찬을 가져올지 친구들과 정한 후 가져온 반찬과 밥과 참기름을 양푼에 대충 때려 넣고 비빈 후 나눠 먹기도 했는데, 이때 컵라면은 필수였다. 비빔밥에 컵라면 국물을 곁들여 먹으면 나름 진수성찬 부럽지 않았다.

대학 입시 배치표 역시 빼놓을 수 없다. 매번 모의고사만 끝나면 담임 교사들이 칠판에 붙여놓던 배치표는 모의고사 성적을 기준으로 입학 가능 대학이나 학과를 일목요연하게 보여주었다. 모든 학생이 똑같은 배치표를 기준으로 지원 가능한 대학을 확인하고 합격 여부를 예측하던 그때의 고등학교 교실 모습은 면접과 자소서 첨삭 등을 통해 맞춤형 대학 입시 전략을 수립하는 요즈음과는 분명 뭔가 달랐다.

당시에는 '좋은 수능 성적 = 원하는 대학 입학'이라는 등식이 성립하고, 모든 인문계 고등학교는 '어떻게 하면 수능 성적을 올려 학생들을 서울 명문대에 보낼까'만 고민하던 시기였다. 그러다 보니 수능 성적을 올릴 수 있도록 도와주는 교사가 좋은 교사였고, 수능에 맞는 수업을 잘하는 교사가 능력 있는 교사로 평가받았다. 또 절대적 학습 시간이 많을수록 높은 수능 성적을 기대할 수 있다 보니 야간(강제) 자율학습 외에 0교시나 -1교시, 주말 자율학습 등은 일상적으로 이루어졌다.

수능 시험을 가장 효율적으로 준비하는 방법

학교만 수능에 진심이었던 건 아니었다. 수능 수험생을 둔 부모들은 자식들이 더 높은 수능 성적을 받는 데 조금이라도 도움이 된다면 유명 학원이 많은 대치동으로 유학을 보내는 결정을 마다하지 않았다. 2000년대 중반 이후 대부분 가정에 인터넷이 보급되고 인터넷 회선별 전송량이 충분히 확보된 이후에는 대치동 학원가 유명 강사들의 강의를 촬영해서 인터넷으로 공급하는 사설 인터넷 강의가 본격적으로 시작되었다. 지금은 공무원 시험이나 수능 외에도 자격증 시험이나 취미 생활 등 다양한 주제를 대상으로 한 인터넷 강의 시장이 활성화되어 있지만 이 모든 인터넷 강의의 원류는 대치동 학원가의 수능 인터넷 강의였다. 이른바 '1타 강사'들의 몸값이 수십억을 호가하는 이유도 이때부터 시작된 인터넷 강의 시장의 급속한 성장 덕택이었다.

2000년대 중반에 대학 입시를 치렀던 사람들이라면 대치동 유학이나 인터넷 강의가 수능을 대비하는 트렌드로 자리 잡을 수 있었던 이유를 쉽게 추론할 수 있을 것이다. 대치동에서 만들어진 인터넷 강의는 말 그대로 수능 시험 준비에 최적화된 최고의 상품이었다. 강사들의 강의력이 뛰어난 것은 물론, 강의 내용 자체도 수능에 최적화되었기에 대체하거나 비교할 만한 대상을 찾는 것이 쉽지 않았다.

　　대치동 학원가와 고액 과외 등을 중심으로 한 사교육 시장이 급성장함에 따라 수험생 가정이 받아들이는 사교육비 부담을 조금이라도 줄이는 것이 사회적 과제가 되었다. 이에 교육 당국은 수능과 EBS의 수능 관련 강의·교재 간 연계 비율을 의무화했다. 교육부의 전략은 사실상 수강 비용이 거의 들지 않는 EBS 수능 강의를 사교육의 대체재로 자리잡게 해 사교육비 부담을 조금이라도 낮춰 보겠다는 것이었다.

　　이 발표 후 학교는 EBS 강의를 시청하는 보충수업반이나 특별학습반을 만들었고, 그것도 모자라 정규 수업마저도 EBS 강의로 대체하는 등 또 다른 해결 방식을 찾아 학생들에게 제공했다. 사교육 시장도, 학교도, 학생도, 학부모도 모두 수능 성적을 올리기 위해 최고 효율을 찾아내려는 한국인의 근성(?)을 엿볼 수 있었다.

　　결국 교육 당국은 '백기'를 들었다. 인터넷 강의 위주의 교육 환경 변화에 맞추어 기존의 EBS 채널 외에 온라인 콘텐츠를 집중적으로 제공하는 EBSi를 편성했다. 또 대치동 유명 강사들을 과감하게 섭외하여 EBSi를 통해 콘텐츠를 제공하기도 했다. 그러면서도 기존의 수능 중심 입시 시스템을 뒤집어 사교육비를 조금이라도 줄이고 교육이 지향해야 할 방향성을 되찾겠다는 계획을 세웠다. 바로 그 계획을 바탕으로 탄생한 입시 제도가 현재 수시 전형의 대부분을 차지하고 있는 '학교생활기록부 전형'이었다.

학생부 종합전형 제도는 어떻게 생겨났을까?

학생부종합전형의 시작은 '심히 창대'했다. 우리나라에서 한 사람의 인생을 결정짓는 시험이 많은데 그중 '완빵'으로 모든 결과를 결정짓는 시험 가운데 가장 거대한 규모가 수능이다. 전 국민이 이 시험의 중요성을 공감하기에 매년 수능 시험 치는 날이면 어른이나 아이 할 것 없이 모두 그날만큼은 수능을 위해 희생하는 모습을 보인다. 차가 막혀 지각하는 수험생이 생길까 봐 회사 출근 시간을 늦추고, 경찰은 패트롤카로 수험생을 제시간에 시험장에 들여보내는 전술(?)적 작전을 준비한다. 영어 듣기 평가에 조금이라도 방해될까 봐 여객기 이륙 시간을 조정하고, 군인들도 사격 훈련은 물론 전투기 비행 훈련마저도 멈춘다. 말 그대로 전 국민이 함께 치르는 시험이 수능이었다. 이는 지금도 마찬가지다.

전 국민이 이렇게 배려하고 신경 쓰는 시험이라면 수험생 당사자의 부담은 어떨까? 굳이 세세하게 이야기하지 않아도 시험의 결과가 엄청난 부담으로 다가올 것은 뻔하다. 수능 시험을 치러 본 사람이라면 그 부담을 한 번씩 느껴 보았을 것이다. 대한민국 성인 대부분은 수험생들을 응원하기도 하지만 그전에 자신이 시험을 경험한 수험생이었기 때문이다.

수능에 대한 사람들의 관심도가 너무 높아서였을까? 수능 성적에 대한 압박감을 이기지 못해서, 또는 수능 당일 시험을 망쳤다는 이유로 수험생이 극단적 선택을 한 사례가 뉴스에 종종 보도되곤 했다. 시험 한 번으로 수험생들의 미래가 결정되는 시스템을 안타까워한 어른들은 시험 중심의 입시 제도를 바꿀 방안을 찾았다. 학생을 선발하는 주체인 대학역시 각 지원자의 세부적인 특성을 알 수 있는 새로운 제도가 필요했다. 이런 요구로 인해 간편하고 공정한, 변하지 않을 것 같던 수능 중심 입시 제도에 변화가 일어나기 시작했다.

　사회가 수능을 대체할 수 있는 새로운 입시 제도를 기대하다 보니 교육 당국은 새로운 고민에 빠지게 되었다. 수능 중심의 입시 제도를 벗어나 새로운 제도를 만들 명분이 만들어진 상황에서 대체할 만한 선발 시스템을 구체화해야 할 상황에 놓인 것이다. 그 결과로 만들어진 것이 학교생활기록부를 기반으로 한 수시 제도였다. 학교생활기록부를 통한 입시 제도는 학교생활에서 축적된 질적 · 양적 자료가 학생의 특성을 발견케 할 것이고 그 자료를 토대로 학교 · 학과별 특성에 맞는 입시가 가능하리라는 믿음을 바탕으로 만들어졌다. 시험 한 방으로 모든 것이 결정되는 수능 시스템의 대안으로 질적 평가와 시계열적 평가를 추진하겠다는 교육 당국의 의도가 구체화된 것이다.

　교육 현장의 반응은 어땠을까? 처음에는 '그게 돼?'에 가까웠지만 이후 '이게 진짜 되네!'로 점차 바뀌어 갔다. 공정성 확보에 문제가 많다는 의견도 있지만 '고등학교 재학 중 직접 쓴 곤충기 하나만으로 대학에 입학한 파브르 소년'이나 '철새 관찰 일기만으로 대학에 입학한 철새 소년' 이야기 등은 지금도 전설로 회자되고 있다. 학생부 종합전형 제도는 수능 시험에서 좋은 성적을 거두지 못하는 사람일지라도 어느 한 분야에 관심이 많거나 특정 분야에서 특출나게 우수한 모습을 보이는 경우라면 명문대에 입학할 수 있음을 보여주었다.

맞춤형 컨설팅이 성행하게 된 이유

　학생부 전형이 새로운 성공 신화를 만들어 내자 입시 중심가인 대치동에서는 새로운 입시 상품이 등장했다. 과거 수능 중심의 시스템이 변화할 기미를 보이자마자 그 틈을 치고 들어온 것이다. 이른바 '학생부 종합전형 컨설팅'이라 불리는 새로운 맞춤형 입시 상품이 등장하는 순간이었다.

생활기록부 중심의 입시 제도가 만들어지자 대치동은 이전과 다른 방법으로 입시에 접근했다. 과거 대치동이 한 번의 시험으로 결정되는 수능을 어떻게 하면 잘 가르치고 높은 성적을 얻게 할 수 있을지에 집중했다면 이제 대치동 전문가들은 어떻게 하면 학생들을 학생부 종합전형에 맞게 포장할 수 있을지를 고민하기 시작했다. 그 결과로 만들어진 컨설팅의 구체적인 내용은 학생의 일거수일투족을 관리하고 구체적으로 어떤 활동을 어떻게 해야 하는지까지 알려주는 형태로 나타나고 있다. 어디에서 입수했는지도 모를 대학별 학생 선발 채점표를 통해, 그리고 학생이 지원하고 싶어 하는 대학이나 학과의 요구사항에 맞추어 학생을 구체적으로 '빚어내기' 시작한 것이다. 수능에 쏠려 있던 무게 추가 학생부 종합전형으로 옮겨간 이후부터 지금까지 이 컨설팅 활동은 드러나지 않지만, 조용히 그리고 분명히 이어지고 있다.

입시에서 순수한 정성 평가는 왜 불가능할까?

이제 대학의 입장에서 수능과 학생부 전형이라는 두 가지 입시 제도를 살펴보자. 점수화·표준화된 선발 방식인 수능이 주가 될 경우 대학 입장에서는 성적 줄 세우기를 통해 학생을 선발하기만 하면 되었다. 물론 대학이 원하는 인재를 선발하긴 힘들지만, 선발 과정이 복잡해질 필요가 없었다. 반면 학생부 전형을 통해 선발할 경우 대학 입장에서는 질적 평가가 이루어진 학교생활기록부라는 원자료를 숫자로 된 점수로 바꾸어야 할 필요가 생긴다. 물론 입시에서 가장 큰 비중을 차지하는 요소인 내신 성적은 이미 정량화되어 있지만, 이것만 가지고는 대학이 원하는 인재를 선발할 수 없다. 따라서 대학은 원하는 인재 기준에 맞춰서 학교생활기록부 상에 나타난 교사의 주관적 학생 평가 기록을 하나하나 점수화해야 한다.

몇 명의 학생만 선발한다면 굳이 지표를 만들어 점수화할 필요가 없다. 하지만 평가 대상이 수백 수천 명이 된다면 이야기가 달라진다. 지원자들에 대한 주관적 평가 자료를 점수화하지 않으면 공정한 인재 선발이 사실상 불가능하다. 결국 교사가 주관적으로 평가해 놓은 학교생활기록부가 점수화되는 과정을 거쳐 최종적으로 학생이 선발되는데, 이는 대학의 학생 선발 과정에서 완벽한 질적 평가는 처음부터 불가능하다는 것을 잘 보여준다.

실제로 대학들은 공식적으로 공개하지 않지만, 내부적으로 만든 지표를 활용해 교사의 주관적 평가로 작성된 학교생활기록부 상의 관찰 내용을 점수화한 후 줄을 세워 학생들을 선발한다. 대학마다 '질적 평가를 점수화할 수 있는 내부 기준이나 지표가 존재한다'는 점을 기억하고 다음 이야기를 해보자.

질적 평가의 의미가 퇴색된 학교생활기록부 평가

공교육 시스템에서 평가받는 대상이 학생이라면 평가자는 분명 교사다. 학교생활기록부가 평가 자료로 활용된 지 꽤 오래되었고, 평가 자료를 만들어 내는 주체 역시 교사다. 그 결과로 대학 입시에서 객관화된 시험-수능-이 아닌 교사의 주관적 평가와 질적 기록물-학교생활기록부-이 당락을 결정하게 되었다. 그러다 보니 입시 시즌이 끝나면 "우리 아이가 좋은 교사를 만나지 못해 좋은 대학에 가지 못했다" "학교생활기록부 중심 전형으로 바뀐 후 능력 없는 교사가 평가를 빌미로 학생들에게 갑질하기 시작했다" 등의 이야기가 주변에서 매년 들려 온다.

실제로 학생부 전형이 확대된 이후 교사들의 영향력이 이전보다 더 커진 건 분명하다. '생명 있는 EBS 강의 리모컨'에 불과하기도 했던 교사들의 모습을 생각하면 기록형 평가의 주체가 된 교사의 영향력은 과거에 비해 분명 커지고 있다. 하지만 그것이 입시 제도에서 교사의 영향력을 더 크게 만들었냐는 질문에 대해서는 '아니오'라고 단언할 수 있다.

이유는 간단하다. 현재의 입시 구조는 교사와 학생이 만들어 놓은 3년간의 질적·양적 평가 자료를 대학이 '자체적으로 사전에 제작한' 기준에 맞추어 평가하기 때문이다. 아무리 교사의 영향력이 커졌다 해도 교사는 대학이 자체적으로 만든 기준을 바꿀 수 없다. 이는 대학이 인재 선발권을 가지고 있기 때문이다. 이 구조 속에서 교사는 대학의 선발 기준을 무시할 수 없다. 대부분 교사는 제자들이 좋은 대학에 가서 공부를 계속 이어나갈 수 있기를 바라지, 제자들이 알아서 살아가도록 신경 쓰지 않거나 방치해 두거나 아예 입시에서 망해 버리기를 바라진 않기 때문이다. 따라서 아이들이 가고 싶어 하는 대학에 입학할 수 있도록 도움을 주기 위해서는 '가고 싶어 하는 대학의 선발 및 채점 기준'에 맞추어 학교생활기록부 상 양적·질적 평가를 진행할 수밖에 없다.

사교육 시장의 입시 컨설턴트들의 눈에는 어떨까? 입시 컨설팅의 목적은 양질의 교육을 실현하는 것이 아니라 고객인 학생이 원하는 대학에 입학할 수 있도록 구체적인 로드맵을 작성하는 것이다. 만약 대학이 어떤

조지 리처(George Ritzer)는 미국의 사회학자로, 메릴랜드대학교 사회학과 교수다. 맥도날드화(McDonaldization)라는 단어를 만든 사람이다.

인재를 선발하려고 하는지, 대학이 어떤 기준을 중요시하는지 컨설턴트가 알고 있다면 그 대학에 진학하기를 희망하는 학생들에게는 동일하거나 유사한 컨설팅을 제공할 것이다. 구체적인 활동은 차이가 있겠지만 본질적인 부분, 즉 '대학이 인재를 선발하는 기준을 세운다-기준에 맞추어 교사가 수업을 설계하거나 컨설턴트가 컨설팅 내용을 제시한다-수업이나 컨설팅 내용에 맞춰 학생이 활동한다'라는 구조는 바뀌지 않을 것이다.

이를 수능 시험 중심의 입시 구조와 비교해 보자. '수능 시험 출제 기준이 나온다-출제 기준에 맞추어 학교와 사교육 시장은 수능에 대비한 강의를 제공한다'라는 구조와 별반 다르지 않다. 주어진 목표를 가장 효율적으로 달성할 수 있는 수단을 찾고 있을 뿐, 준비 과정에 구체적인 목적이나 철학을 불어넣으려고 하진 않는다. 이런 현상이 의미하는 것에 대해 합리성을 이야기한 대표적인 학자 조지 리처(George Ritzer)의 개념을 활용해 생각해 보자.

대학 입시에서 완벽한 정성평가가 불가능한 이유: 맥도날드화와 합리화의 함정

맥도날드식 운영 체계

미국의 사회학자 조지 리처는 합리화을 설명하기 위해 맥도날드와 같은 조직 운영 체제가 현대 사회를 주름잡는다라는 '맥도날드화 (McDonaldization)'라는 개념을 제시한다. 맥도날드뿐만 아니라 버거킹, 롯데리아, 스타벅스, 이디야, 공차, 밥버거, 김밥집 등 소위 말하는 대부분의 프랜차이즈들은 이 맥도날드식 운영 체제를 적용하고 있다.

우리가 맥도날드에 들어갔다고 상상해 보자. 굳이 맥도날드가 아니어도 괜찮다. 롯데리아, 버거킹, KFC 등의 패스트푸드점이나 스타벅스, 할리스 등 테이크아웃 커피전문점, 그것도 아니라면 CU, GS25 같은 편의점도 괜찮다.

맥도날드에 들어간 우리의 모습

① 문을 열고 맥도날드에 들어간다. 아르바이트 직원들이 "고객님, 어서 오세요. 맥도날드입니다"라며 우렁찬 목소리로 반갑게 맞아준다.

② 계산대 앞에 서서 고민 끝에 빅맥 세트 하나를 주문한다. 주문을 받은 직원은 "빅맥 세트 하나 맞으십니까?" 하고 묻는다. 고개를 끄덕이며 "네" 하고 대답한다.

③ 직원이 "500원만 추가하면 콜라와 감자튀김 사이즈업이 가능한데, 해드릴까요?"라고 묻는다. 대부분 "괜찮아요. 필요없어요"라고 대답하지만, 더러는 "네. 그렇게 하세요"라고 대답하는 경우도 있다.

④ 주문이 끝났다. 계산은 무엇으로 하겠냐는 점원의 질문에 "카드로 계산할게요"라고 대답한다.

⑤ 무의식적으로 신용카드를 건네려고 하니 "앞에 있는 기계에 신용카드를 꽂아 주세요"라는 이야기를 듣는다. 점원이 시키는 대로 한다.

⑥ 계산이 끝난 후 점원은 옆에 있는 줄에서 기다렸다가 음식을 받아 가라고 한다. "네" 하고 대답하고 한 칸 옆으로 가서 기다린다.

⑦ 음식이 나왔다. 음식을 건네는 직원이 "주문하신 빅맥 세트 나왔습니다. 맛있게 드세요"라고 인사하자 나도 점원에게 "고맙습니다" 하고 인사를 건넨다.

⑧ 햄버거가 담긴 쟁반을 들고 빈 의자로 찾아간다. 앉은 후 맛있게 먹는다.

⑨ 음식을 다 먹은 후 쟁반에 쓰레기를 담아 쓰레기통이 있는 장소로 가서 버린다. 쟁반은 쓰레기통 위의 별도 장소에 모아 둔다. 정리가 끝나면 점원들의 인사를 들으며 매장 밖으로 나간다.

이 모든 행동을 하는 데 소요되는 시간은 20여 분 남짓이다. 상당히 빠른 시간에 식사 한 끼가 해결된다. 그런데 신기한 점이 있다. 분명 우리는 단 한 번도 함께 햄버거 가게를 간 적이 없을 텐데 마치 함께 가게에 들어가서 햄버거를 주문하는 모습이 생생하게 눈앞에 떠오른다는 점이다.

아마 전국의 모든 사람들, 나아가서 전 세계 사람들은 이와 유사한 경험을 한 번쯤 겪어 봤을 것이다. 엄밀히 말해 이 짧은 사례 속에 나타나 있는 사회 운영의 기본 원리를 모두 경험해 본 적 있다는 것이다. 리처는 맥도날드화 속에 나타나는 기본 원리로 효율성, 계량 가능성, 예측 가능성, 통제의 네 가지를 제시한다.

맥도날드화에 나타난 사회 운영의 4가지 기본 원리

① **효율성** : 최단 시간, 최소 자원 투자를 통해 특정 목적을 달성하는 것
  - 맥도날드는 컨베이어식 분업화를 통해 햄버거 제조를 가장 효율적으로 달성하며, 손님들은 맥도날드를 통해 가장 간단하게 배를 채울 수 있는 방법을 선택한다.

② **계량 가능성** : 모든 요소를 '숫자'의 형태로 만들어 제작 전 과정을 계산 가능하도록 만드는 것
  - 햄버거 패티의 무게와 지름, 콜라의 정량, 감자튀김의 조리시간과 기름 온도, 소비자의 동선, 주요 이용 시간, 인기 제품 1일 판매량, 맥딜리버리의 배달 시간 등 맥도날드의 모든 요소는 숫자 형태로 계산되며, 이는 '예측'과 연결된다.

③ **예측 가능성** : 어느 지역에서든 비슷한 결과가 나올 것으로 기대하도록 만드는 것
  - 반복적이며 단순한 맥도날드의 노동, 매뉴얼화되어 나오는 조리 시간 및 조리 방법, 햄버거 포장 방법 및 고객 응대 요령 등은 이와 관련된다.

④ **통제** : ①, ②, ③의 결과, 인간은 인간 자신이 만들어 낸 맥도날드에 의해 통제됨
  - 맥도날드 안에서 인간 개개인인 우리가 동일한 형태로 행동한다는 것 자체가 맥도날드로부터 생활을 통제당하고 있다는 것을 의미한다.

리처는 맥도날드식 운영 체계가 사회 전반에 자리 잡은 결과, 사회의 각종 제도가 원래의 목적을 달성하기보다 목적 달성을 위해 만든 시스템

그 자체의 실현에 집중한다고 이야기한다. 무슨 이야기인지 조금 모호하지만, 학생부 종합 전형을 두고 생각해 보자.

학생부 종합 전형의 맥도날드화

학생부 종합 전형이 등장한 이유는 한 번의 시험으로 입시의 모든 것이 결정되는 기존의 수능 시스템이 몇 가지 문제점을 보였기 때문이다. 그 중 핵심적인 문제점으로 학생의 잠재력을 확인하기 어렵다는 것과 한 번의 시험으로 입시 결과가 결정되는 고부담 시험의 심각한 사회적 자원 낭비 등이 지적되었다. 우수한 학생을 선발하기 위해 대학은 학생들의 잠재력을 평가할 수 있는 새로운 인재 선발 제도를 원했고, 그 결과로 학생부 종합 전형이 탄생하게 되었다.

제도의 원래 취지가 달성되었다면 학생부 종합 전형은 시험으로 확인할 수 없는 개인의 역량과 잠재력 등을 확인하고 우수한 인재를 뽑는 효과적인 제도로 자리 잡고 있어야 한다. 하지만 앞서 보았듯 현재의 학생부 종합 전형에는 학생이 좋은 평가를 받을 수 있는 일종의 공식이 존재한다. 이는 학생부 종합 전형을 통해 학생을 선발하는 대학에서 공식적으로 인정한 것은 아니지만 공공연한 사실로 여겨지고 있다. 이에 따라 평가와 선발을 효율적·합리적으로 진행하기 위해 대학교와 고등학교 모두 나름의 방법을 찾으려 노력하고 있다. 이렇게 계속해서 전략을 수정·보완하는 과정을 거쳐 현재 학생부 종합 전형에 적용되는 공식 아닌 공식이 만들어졌고, 또 지금 이 순간에도 계속해서 만들어지고 있는 것이다.

그렇다면 실제 학생부 종합 전형과 수능 중심 입시 제도에는 유의미한 차이가 있을까? 학생부 종합 전형은 현재 시험 성적이 좋지 않아도 미래의 발전 가능성이나 전공에 대한 관심이 높은 학생에게 진학의 기회를 부여하는 제도다. 그렇다면 실제로 현재 성적보다 미래 발전 가능성이 높은 학생이 대학에 진학할 수 있을까?

앞서 보았듯 현재의 학생부 종합 전형은 고도로 공식화되어 있다. 이 공식 속에서 교사의 주관적 평가 성격을 가지는 교과별 세부 능력 및 특기 사항을 포함하는 학교생활기록부에서의 기록형 평가는 실질적으로 정성평가가 되기 어렵다. 꼭 포함되어야 하는 내용, 대학 진학 시 유리한 내용 등이 암묵적인 규칙으로 정해져 있고, 학교와 교사는 이를 따를 수밖에 없다. 대학 역시 구체적인 평가 기준을 밝히지는 않지만, 주관적·기록형 평가 자료인 학교생활기록부를 점수화시키기 위한 자체 평가 도구를 끊임없이 개발하고 있다. 대학은 우수한 학생이 자신의 대학에 지원할 수 있도록 전략적으로 평가 기준 중 일부를 '고3 담임교사 대상 연수'라는 명목으로 제공하기도 한다.

공식으로 변화한 입시 제도

그렇다면 리처의 맥도날드화 개념을 활용해 학생부 종합 전형을 포함한 입시 제도를 분석해 보자.

먼저 효율성이다. 학교생활기록부를 작성하는 교사들은 질적 평가가 공정하게 이루어지는 것을 중요하게 생각한다. 한편으로는 학생들이 더 좋은 대학을 가길 바라는 마음에서 대학의 신입생 선발 시스템에 가장 적합한 생활기록부를 만들기 위해 노력한다. 신입생 선발을 관장하는 대학의 입학관리처 역시 유능한 학생을 선발하기 위해 노력한다. 하지만 대학 입장에서 지원자 1인당 30장 내외로 구성된 생활기록부 전체를 꼼꼼히 평가하기란 현실적으로 불가능하다. 그러다 보니 학교생활기록부 항목 중 인재 선발에 필요한 부분만 골라 선택적으로 평가하게 된다.

우수한 학생을 '효율적'으로 선발하겠다는 대학의 판단은 생활기록부에 적시된 정성 평가 항목을 숫자로 만든 후 줄 세우기 과정으로 이어지는 계량 가능성으로 확인할 수 있다. 학생부 종합 전형은 학업 능력을 시험을 통해 계량화·점수화한 후 줄 세우기로 신입생을 선발하던 수능의 대안으로 등장했다. 하지만 그 학생부 종합 전형 역시 계량화를 통한 점수화와 줄 세우기 시스템을 채택한 것은 많은 지원자 중 선발 대상을 단시간 내에 걸러 내야 하는 대학 입장에서는 불가피한 선택이라고 할 수도 있다.

점수화된 생활기록부는 자연스레 예측 가능성을 만들어 낸다. 대학이 구체적인 채점 기준과 생활기록부를 점수화하는 과정을 공개하지 않더라도 시간이 지남에 따라 입시 결과 데이터가 축적된다. 이를 통해 각 고등학교는 평가 기준이 어떻게 구성되어 있을지를 대략적으로 예측할 수 있게 된다. 학교는 나름대로 예측한 대학의 신입생 선발 평가 기준에서 높은 점수를 받을 수 있는 교육과정을 운영하게 된다. 결국 구체적인 모습에서는 약간 차이가 있겠지만 각 고등학교는 대학으로부터 높은 평가를 받을 수 있는 교육과정을 구성할 수밖에 없다. 이는 특정 지역이나 특정 학교에서만 나타나는 것이 아니라 전국의 모든 학교에서 공통적으로 나타나는 현상이다. 학교의 이러한 대응은 입시 제도가 사라지지 않는 한 유사한 형태로 계속 나타나리라 예측할 수 있다.

효율성, 계량 가능성, 예측 가능성을 바탕으로 고등학교에 교육의 자율성을 부과하겠다는 학생부 종합 전형의 취지는 무너지게 된다. 각 학교의 구체적인 교육과정은 대학의 평가를 우선하게 되고 앞으로도 그럴 것이다. 따라서 학교별로 특색 있는 교육과정을 운영하고 교사의 자율적인 정성 평가를 바탕으로 가능성 있는 다양한 인재를 선발하겠다는 학생부 종합 전형의 원래 취지는 무너질 수밖에 없다. 학생부 종합 전형이 추구하는 질적 평가가 현실적으로 어려워지다 보니 대학과 고등학교가 조금이라도 더 효율적인 평가를 진행하려면 선발 제도를 새로운 틀로 만들고 거기에 학생을 끼워 넣을 수밖에 없다. 결국 대학교는 효율성을 위해 평가 시스템을 만들고, 고등학교는 그 평가 시스템에 맞추어 움직이게 된다.

효율성을 중시하는 대학과 고등학교의 입시 전략은 입시 시스템 자체에 자신들을 가두는 꼴을 만들었다. 자율적인 교육과정에서 길러진 다양한 인재를 기대했던 학생부 종합 전형은 효율성-계량 가능성-예측 가능성의 과정을 거쳐 결과적으로 고등학교와 대학교의 인재 선발 시스템을 통제하게 되었다. 대학의 자체 선발 기준과 고등학교들의 맞춤형 교육과정이 아이러니하게도 인재 육성과 선발 과정에서 자율성을 박탈해 버린 것이다.

이러한 상황이 반복된다면 학생부 종합 전형이 만들어진 원래 취지는 사라져 버리고 학생부 종합 전형에서 효율적으로 원하는 대학에 보내는 방법 논의만 많아질 뿐이다. 대치동을 중심으로 한 수능 대비 시스템이 입시를 공식으로 만든 것처럼 최근 입시 컨설턴트들은 학교 내의 활동, 고등학교 재학 중 읽어야 할 필독서 목록, 학교생활기록부 기재 내용 등을 종합적으로 구성하고, 그 내용대로 생활기록부가 기재될 수 있도록 유도하고 있다. 어쩌면 과거에 많은 비판을 받았던 수능과 이제 새로운 입시 제도로 자리 잡은 학생부 종합 전형 간에는 사실상 차이가 없다고 할 수 있다.

수능과 학생부 종합 전형이라는 철창에서 해방되는 법

리처의 맥도날드화 개념을 활용해 대학 입시 제도를 분석해 보았다.

마지막으로 맥도날드화가 이야기하는 합리성 개념을 살펴보자. 합리성 개념을 통해 사회 현상을 설명한 막스 베버는 특정 목적 달성을 위해 가장 합리적인 방법을 찾아낸 후 이것의 실현을 형식 합리성, 특정 목적 자체를 추구하는 것을 실질 합리성이라고 구분했다. 그리고 현대 사회에서는 실질 합리성보다 형식 합리성을 우선시하는 경향이 강하다고 평가했다. 베버에 따르면 현대 사회에서 사람들이 특정 제도 가운데 합리성을 추구할수록 원래의 목적 달성은 뒤로 밀려나고 형식 합리성이 추구하는 방법과 수단만 남게 된다고 한다. 이것을 두고 '사람들이 철창(iron cage)에 갇혔다' '합리성이 비합리성을 만들어 냈다'라고 표현한다.

대학 입시에 있어 영향력이 가장 큰 수능과 학생부 종합 전형이라는 두 제도는 모두 학생의 학문적 수학 능력과 미래 성장 기대치가 높은 학생을 선발하는 데 목적이 있었다. 그러나 현재의 학생부 종합 전형은 입시 시스템 자체에 가장 잘 맞추어져 있는 학생을 걸러 내는 제도로 변질되고 있다. 어쩌면 현대 사회에서는 수능과 학생부 종합 전형이 학생·고등학교 교사·대학 모두를 가두는 일종의 철창(iron cage)이 되고 있지 않은지 생각해 볼 필요가 있다.

모든 사회 제도는 나름의 목적을 가지고 만들어진다. 그리고 그 사회 제도 중 일부는 시간이 지남에 따라 원래의 목적을 잃고 무의미한 껍데기만 남은 모습을 보이기도 한다. 하지만 안타깝게도 이러한 제도를 개인이 바꾸어 내는 것은 불가능하다.

특히 입시 제도의 경우 주인공인 학생들은 대부분 1~3년 내의 짧은 시간 동안 그 제도를 온몸으로 받아 낸 후 주인공 지위에서 이탈한다. 결국 입시 제도를 입시와 관련 있는 당사자들만의 사회 제도로 인식한다면 입시 시스템이 개선될 가능성은 희박하다. 대부분의 제도는 사회적 차원에서 움직이지 않으면 개선이 어려울 수밖에 없기 때문이다.

　개선을 위해 사회적 차원의 노력을 투입해야 하는 것은 다른 사회 제도 역시 마찬가지이다. 우리 사회 속에는 과연 이것이 효율적인지 의문이 드는 제도가 은근 많이 존재한다. 이러한 제도들을 개선하기 위해 사회 구성원들 모두가 제도를 비판적으로 바라보고 개선 방향을 함께 고민하고 바꾸어 가기 위해 노력해야 한다. 우리의 상상 이상으로 거대한 사회 제도는 개인의 행동 양식을 강제할 힘을 충분히 보유하고 있기 때문이다. 입시 제도 역시 사회 제도이다. 더 좋은 입시 제도를 만들기 위해 앞으로 구성원 모두가 함께 고민하는 노력이 필요하다. 미래를 이끌어 갈 인재를 길러내야 할 교육마저 철창에 갇혀선 안 될 것이기 때문이다.

9장

인생의 성공과 실패,
과연 원인은 '나'에게 있을까?

희생자 비난하기와 시스템 비난하기로 보는 자기계발서와 힐링 도서

SOCIOLOGY

아프니까 '청춘'이라는 대한민국 사회

　김난도 교수의 『아프니까 청춘이다』는 2010년대를 대표하는 책 중 하나다. 김난도 교수는 『트렌드 코리아』의 저자이기도 한데, 『트렌드 코리아』는 매년 초 그 해를 대표할 것으로 예상되는 트렌드를 소개하는 것이 주 내용이다. 다소 억지스러운 부분이 없는 것은 아니지만, 시대 상황에 대한 통찰을 얻을 수 있어서 종종 읽어 보곤 한다.

　『아프니까 청춘이다』는 서울대에 재학 중인 학생들에게 김난도 교수가 권하는 조언이 중심인 책이다. 구체적으로는 대학생이라면 실패를 두려워하지 말고 다양한 도전을 시도하다 보면 원하는 성공을 거둘 수 있을 것이라는 게 책의 내용이다. 출간 당시 한국 사회는 고도성장 이후 찾아온 IMF 금융 위기에 리먼 브러더스의 파산 등으로 인한 서브프라임 모기지 사태 같은 국제 금융 위기 여파까지 겹쳐 굉장히 힘든 시기였다. '지금 아프더라도 참고 견디면 나중에는 꼭 성공할 것'이라는 책의 메시지는 청년들에게 큰 반향을 불러일으켰다. 시대적 상황을 고려해 보면 『아프니까 청춘이다』가 자기계발서 중 베스트셀러가 된 데에는 충분한 이유가 있었다.

열심히만 하면 성공한다!
– 자기계발서가 주는 메시지

『아프니까 청춘이다』 이전에도 자기계발서는 늘 존재했다. 유명인들의 성공기부터 밑바닥부터 차곡차곡 결과물을 쌓아 올린 흙수저들의 인생 이야기까지 '성공한 사람들'이 전해 주는 메시지는 성공한 이야기를 듣고 싶어 하는 사람들이나 성공하고 싶어 하는 사람들, 성공한 사람들로부터 무언가를 배우려는 사람들에겐 항상 매력 있는 이야기가 되었다. 그래서 성공을 갈망하는 사람들이 많은 한국 사회에서는 자기계발서를 탐독하는 젊은이들의 모습을 심심찮게 볼 수 있었다.

현대를 살아가는 사람이라면 누구나 한 번쯤 읽어 봤을 법한 자기계발서 장르에는 몇 가지 공통점이 있다. 여러분이 읽어 본 자기계발서에도 아래의 내용이 있는지 살펴보자.

자기계발서의 공통점

1. 세상의 모든 사람은 성공한 사람과 실패한 사람으로 나눌 수 있다.
2. 등장인물은 처음부터 성공한 삶을 살아 온 건 아니었다.
3. 성공이 필요하다는 것을(혹은 성공하겠다는 목표를) 생각한 이후 과거와 다르게 열심히 살기 시작했다.
4. '열심히' 사는 구체적인 방법을 항상 실천해 왔다.
5. 열심히 사는 과정에서 우연히 또는 운 좋게 기회를 잡았다.
6. 그 기회를 놓치지 않고 성공했다.
7. 성공은 누구나 할 수 있다고 생각하며, 성공을 위해서는 성실함과 노력이 필요하다는 메시지를 걸쳐 끊임없이 전달한다.

자기계발서를 읽어 본 사람이라면 위의 공통점에 공감할 것이다. 자기계발서에서 '저자의 타고 난 사회적 조건이 성공을 만들어 냈다'는 취지의 내용은 찾아보기 힘들다. 끊임없는 노력과 자기희생 그리고 발전이 성공을 가져 왔다는 이야기가 반복되는 경우가 많다. 그럼 성공하지 못한 우리는 이런 노력과 희생, 발전이 없어서 성공하지 못한 것일까?

자기계발서가 서점에서 볼 수 있는 책의 형태로만 우리에게 찾아오는 것이 아니다. 매년 수능이 끝나면 만점자를 대상으로 언론사가 진행한 인터뷰 내용이 보도되곤 하는데, 만점을 받은 수험생들이 학습 방법으로 "교과서에 충실했어요" "잠은 충분히 자고 공부에만 집중했어요" 같은 이야기를 하는 걸 한 번쯤 들었을 것이다. 대한민국 고3 수험생이라면 이런 인터뷰를 볼 때마다 눈빛이 사나워지고 목소리가 날카로워지는 부모님의 눈빛과 공부하라는 잔소리를 듣게 된다. 수능 외에도 공무원 시험을 비롯한 각종 국가시험이나 취업을 준비하는 사람들이 모여 있는 인터넷 커뮤니티에서 쉽게 찾을 수 있는 '합격자 수기' 역시 자기계발서의 형태라고 볼 수 있다. 공부 시간이나 패턴, 학습 전략, 힘든 시간을 어떻게 참아 냈는지를 적은 합격 수기는 시험을 준비하는 사람들에게 꽤 좋은 참고 자료이자 동기 부여의 원천이 되기도 한다.

이처럼 자기계발서와 합격 수기 및 수능 만점자 인터뷰 간에는 드러나지 않는 공통점이 하나 있다. 원하는 결과물을 얻기 위해 노력하는 사람에 비해 도전하는 사람들이 얻을 수 있는 성공이라는 왕관의 숫자가 터무니없이 적을 경우 사람들이 합격자 수기나 만점자 인터뷰를 찾아본다는 것이다. 자기계발서는 이러한 '가지기 어려운 성공에의 열망'을 양분 삼아 만들어진다.

안타깝게도 실패한 사람들이 실패 경험을 글로 남기는 경우는 거의 없다. 대부분은 실패를 남에게 드러내는 것 자체를 엄청난 부담으로 느끼기 때문이다. 성공한 사람들이 흔적을 남기고 실패한 사람들이 숨어 들어가는 현실 속에서 성공을 거둔 사람은 원래의 수보다 과대대표되고, 반대로 실패한 사람의 수는 과소대표될 수밖에 없다. 현실에서 성공한 사람과 실패한 사람의 비율과 수기 혹은 인터뷰에서 성공한 사람과 실패한 사람 간 비율이 완전히 무너져 버리는 것이다. 성공을 갈망하는 사람들은 자연스레 성공 사례를 많이 접하게 되고 '왕관의 숫자가 부족해서' 내가 실패했다고 의심하기보다 나의 노력이 부족해서 실패했을 것이라고 결론 내리기 쉽다. 좀 더 나아가 실패의 원인을 '나의 태도와 노력'으로 판단할 경우 나를 더 채찍질하거나 완전히 포기하는 것을 선택할 가능성이 높다.

사회가 힘들수록 자기계발서 판매량이 증가하는 현상을 구조적 측면에서 바라보자. '나를 실패하게 만든 왕관이 부족한 사회의 현실'을 탓하는 모습을 찾기 힘들다. 대신 왕관의 수가 부족한 구조적 상황 속에서 결국 왕관을 쓰지 못할 수밖에 없었던 사람들은 '나'를 탓하는 아이러니한 경우를 더 쉽게 찾아볼 수 있다. 자기계발서의 서술 취지대로 따라가면 모든 실패의 원인은 '내'가 될 수밖에 없는데, 과연 이것이 합당한지 의심해 보아야 한다.

실패는 내 탓이 아니다!─힐링 도서가 주는 메시지

자기계발서와 함께 최근 20~30대 대상으로 큰 인기를 끌고 있는 장르가 힐링 도서다. 대형 서점 베스트셀러 칸에는 항상 '~○○라도 괜찮다' '너는 잘하고 있어'와 유사한 제목의 책들이 있다. 이 친구들은 기존의 자기계발서와 유사하면서도 또 다르다. 기존의 자기계발서와는 다르게 '실패한 사람'들을 책망하지 않고 채찍질하지도 않으며 오히려 위로하는 것을 주 내용으로 삼고 있다. 그 외에 '하던 대로 해도 괜찮아' '있는 그대로도 좋아'처럼 온건한 위로가 있는 반면, '한 번쯤 망하는 것도 괜찮다' '막 해버려도 괜찮다' '눈치 보면서 살지 말자'처럼 과감한 제안을 던지는 급진파 힐링 도서도 있다.

온건한 위로든 급진적 제안이든 간에 힐링 서적도 몇 가지 공통점이 있다. '너는 그 자체로도 좋으니 바뀌지 않아도 돼'라는 메시지를 계속해서 던진다는 점이다. 특히 최근 20대 초중반을 대상으로 한 힐링 서적 마케팅이 인스타그램 같은 소셜미디어 및 인터넷 커뮤니티에서 활발히 이루어지고 있다. 이는 작가와 출판사가 소셜미디어를 주로 이용하는 20대의 성향을 적극적으로 파고 들어간 전략적 판단의 결과다.

힐링 도서들의 공통점

1. 지금 상태 그대로 있어도 좋다는 이야기를 반복한다.
2. 문제에 직면한 경우 그 문제를 잠시 잊어도 좋다는 이야기가 들어 있다.
3. 독자의 문제가 현대 사회를 살아가는 사람이라면 반드시 겪어야 하는 문제라고 표현한다.
4. 세상의 모든 문제는 굳건한 의지만 가지면 언제든 해결할 수 있다는 결론을 도출한다.
5. 추상적인 위로나 구체적이지 않은 공감을 반복하면서 구체적인 사례에 적용하지 않는다.
6. 젊은 독자층을 대상으로 하여 인스타그램 같은 소셜미디어 마케팅을 적극적으로 활용한다.

젊은 사람들을 중심으로 기존 자기계발서와 결이 다른 힐링 도서가 유행하는 상황을 보면서 사람들은 종종 2020년대를 살아가는 20~30대를 상처받은 세대라는 평가하기도 한다. 실제로 그런지 우리가 살아가는 시대의 모습을 살펴보자.

성공을 열망하지만
구조적으로 쉽게 실패하고 상처받는 사회

잠시 다른 이야기를 해 보자. 옷의 노출도와 경제 상황은 반비례한다는 경제 상황과 패션 간 관계에 대한 속설이 있다. 유행하는 패션을 통해 경제 상황을 예측하는 방법처럼 자기계발서와 힐링 도서의 판매량을 두고 경제 상황을 예측해 볼 수도 있는데, 자기계발서가 유행하는 시기에는 사람들이 평소보다 '성공을 더 열망'하는 것으로 해석할 수 있다. 또 힐링 도서가 유행하는 시기에는 사람들이 견디기 어려운 상처를 '더 많이 받고 있는 것'으로 볼 수도 있다. 자기계발서와 힐링 도서 열풍이 부는 지금은 성공을 원하는 사람은 많지만 성공으로 향하는 문은 좁고, 동시에 일상 가운데 다른 사람들로부터 쉽게 그리고 많이 상처받는(어쩌면 상처를 강제당하는) 사회라고 결론지어도 무방할 것이다.

몇 년 전 「미생」이라는 드라마가 직장인들 사이에서 큰 인기를 끌었다. 사람들은 드라마가 인기를 끌었던 이유로 '성공도 어렵고 성공을 추구하는 과정에서 상처도 많이 받을 수밖에 없는' 사회 분위기가 반영되어 있었던 것을 꼽는다. 작중 주인공인 장그래와 영업3팀 그리고 입사 동기들은 분명 개인적으로 뛰어난 면모가 있다. 하지만 영업 3팀과 신입 사원들의 작중 모습은 전형적인 신입 사원이 가진 한계, 직장 내 파워 게임에서 밀려난 비주류 팀의 모습을 보여주고 있다. 각 등장 인물들은 정직원이 되거나 팀 내에서 능력을 인정받기 위해 엄청난 노력을 기울이지만 피나는 노력에도 불구하고 이들은 원하는 결과물을 얻지 못하는 경우가 더 많다. 실제로 고졸이라는 이유로, 여성이라는 이유로, 경력이 낮다는 이유로, 직급이 낮다는 이유로, 사회 경험이 부족하다는 이유로 저경력 사원들은 쉽게 직장에서 무시당하고 상처받는다. 직장 상사가 취중에 내뱉은 "우리 애만 혼났잖아!"라는 한마디와 따뜻한 태도에 장그래가 감동 받은 이유 역시 우리 사회가 그만큼 성공도 힘들고 직장 내 인간관계에서도 늘 상처받는, 조금 무섭고도 빡빡한 사회를 살고 있기 때문이다.

실패는 누가 정의한 것일까? 나는 왜 항상 상처받을까?

실패를 사랑하는 사람을 찾기란 정말 힘들다. 아무리 '실패가 성공의 어머니'라고 해도 실패의 순간에 우리 마음을 후벼 파고 들어오는 아픔을 즐기는 사람은 드물기 때문이다. 하지만 우리는 일상 가운데 생각보다 자주 실패를 경험한다. 그 실패가 라면 물 조절에 실패해서 조금 싱거운 라면 국물을 만들어 낸 정도의 실패라면 웃어넘길 수 있다. 하지만 직장 상사나 선배들에게 혼나거나, 목표한 성적을 받지 못했거나, 야심 차게 내 이름을 걸고 시작한 사업이 실패했거나, 오랫동안 준비한 진급 또는 선발 시험에서 떨어지는 경우처럼 향후 몇 년간 내 인생에 큰 영향을 줄 수 있는 실패라면 분명 무게감이 다르다.

그런데 이렇게 우리 마음을 아프게 만드는 실패에는 몇 가지 공통점이 있다. 실패와 성공 중 어디에 속할지는 '경쟁에서의 승리'를 통해 결정된다는 점과 경쟁에서 성공한 사람이 모든 것을 가져가는 '승자독식' 구조라는 점이다. 특히 승자독식 구조 속에서는 소수의 성공한 사람과 다수의 실패한 사람이 생길 수밖에 없다. 승자독식 세계에서 내가 실패한 다수에 속하게 되고 그 실패가 당장 내 삶에 큰 부담으로 다가오는 실패라면 실패한 사람은 '내가 왜 실패했을까?'에 대한 해답을 찾으려고 애쓰게 된다. 나의 부족한 점과 무능한 점이 무엇인지 알아야 다음 도전에선 성공한 쪽에 속할 기회를 얻을 수 있기 때문이다. 다만 실패의 원인을 외부에서 찾는 것은 무의미할 때가 많다. 사회 구조를 바꾸기에는 당장 해결해야 할 인생 문제가 너무나 크기 때문이다. "목구멍이 포도청"이라는 말이 있듯 사회를 바꾸는 것보단 생존 문제를 해결하는 것이 훨씬 급하기 마련이다.

결국 실패에 노출된 사람들이 실패 이후에 선택할 수 있는 길은 그리 많지 않다. 실패의 원인이 터무니없이 부족한 왕관의 개수에 있음을 깨닫고 그곳에서 탈출하는 전략을 선택하거나, 실패의 원인을 나에게로 돌리고 자신을 다듬기 위해 더 많은 노력과 자원을 투자하거나, 당장 내 마음의 상처를 회복할 수 있는 수단을 찾고 잠시 쉬다가 레이스를 이어나가는 것 정도만이 가능하다. 승자독식 구조에서 현실적으로 성공 기회가 지나치게 적은 사회 구조를 도전자들이 함께 바꾸기란 불가능하다. 매번 반복되는 도전에서 성공한 소수는 모든 것을 가지고 실패한 다수는 자신을 책망하거나 자신의 상처를 숨기거나 달래는 방법을 선택할 수밖에 없다. 어쩌면 성공보다 실패를 더 자주 겪을 수밖에 없는 젊은이들이 자신을 채찍질하는 방법이 적혀 있는 자기계발서나 상처 난 마음에 바를 수 있는 연고 같은 힐링 도서를 필독서로 여기는 것은 당연하다.

페르디난트 퇴니에스(Ferdinand Tönnies)는 독일의 사회학자다. 1881년부터 1933년까지 킬대학교 교수를 지냈고, 독일 사회학회를 창설하여 초대회장이 되었다. 28세 때 저술한 『공동사회와 이익사회』로 널리 이름을 떨쳤고, 그의 영향은 사회학 뿐만 아니라, 널리 사회과학 일반에까지 미치게 되었다.

공동 사회(게마인샤프트)와 이익 사회(게젤샤프트)

독일의 사회학자 페르디난트 퇴니에스(Ferdinand Tönnies)는 급격한 도시화가 사회적 유대와 연대에 어떤 영향을 끼치는지를 분석한 대표적인 학자다. 퇴니에스는 과거의 공동체적 유대감이 유지되던 사회를 공동 사회(게마인샤프트, Gemeinschaft)라 지칭했는데, 공동 사회의 특징으로 전통적인 가치에 기반한 끈끈한 유대감, 이웃과 친구 사이에서 나타나는 개인적이고 지속적인 인간관계, 사회에 대한 의무와 참여의 강조 등을 기본 특성으로 제시했다.

반면 퇴니에스는 산업화 이후 공동 사회가 이익 사회(게젤샤프트, Gesellschaft)로 대체되었다고 보았는데, 연합적 유대를 기본으로 한 이익 사회는 비인격적 · 단기적 · 일시적 인간관계를 기초로 형성된다. 퇴니에스는 급속한 도시화가 공동체적 유대감에 기반한 공동 사회의 대부분을 이익 사회로 바꾸었고, 그 결과로 산업 사회에서는 전통 사회에서 찾아볼 수 없는 새로운 인간관계가 형성된다고 지적했다.

공동체적 유대감이 유지되는 공동 사회에서는 사회생활에서 발생하는 심리적 부담감, 갈등 등은 공동체 내에서의 비공식적 인간관계(가족, 이웃, 친지 등)를 통해 회복할 수 있으나 이익 사회에서는 비공식적 인간관계에 의한 문제 해결과 관계 회복은 사실상 불가능하다. 인간관계에 의한 일상생활의 문제 해결과 회복 동력이 부재한 경우 사람들은 새로운 회복 방안을 찾게 되는데, 힐링 도서나 자기계발서를 찾는 것 역시 이러한 방안 중 하나로 이해할 수 있다.

심리적 부담이나 사회적 갈등과 관련해 최근 주목받는 개념 중 하나가 회복탄력성이다. 회복탄력성(resilience)이란 다양한 역경 · 시련 · 실패 등에 대한 인식을 도약의 발판으로 삼아 더 높이 뛰어오를 수 있는 마음의 힘을 의미하는데, 회복탄력성이 높은 사람일수록 문제에 직면한 후 이를 긍정적으로 해결하고 성장하는 모습을 보인다고 한다. 최근 회복탄력성이 대두되는 것은 역경을 직면한 후 회복에 대한 사회적 요구가 높아지고 있기 때문인데, 공동체적 인간관계의 붕괴가 심각해질수록 힐링 도서나 자기계발서에 의존하는 사람들이 늘어난다고 예측할 수 있다.

개인을 비난할 것인가, 사회 구조를 비난할 것인가?

지금까지의 이야기를 종합해 보자. 자원이 부족해서 인적 자원 위주의 산업 구조를 택할 수밖에 없는 우리나라는 매년 수준 높은 인재를 양성할 수밖에 없는 상황이다. 우리나라를 포함한 경제 강국 대부분이 고도성장기를 지난 이후 본격적인 저성장 시기에 접어듦에 따라 젊은 사람들은 생존을 위해 '더 많이 노력할 것을 요구받고, 동시에 더 많은 실패를 경험'할 수밖에 없다. '성공'을 포기하지 못한 사람들은 다시 도전할 동력을 얻기 위해 힐링 서적을 찾거나 자신을 더욱 채찍질하기 위해 자기계발서를 읽는다. 이들의 노력은 경쟁 구도에서 승자가 되거나 최소한 '뒤처지지 않겠다'는 목표를 실현하기 위한 경우가 많다.

사회학에서 빼놓을 수 없는 거두 중 한 사람인 프랑스의 에밀 뒤르켐 (Émile Durkheim)은 개인의 바깥에 존재하면서 개인을 강제하는 '보이지 않는 그 무언가'를 '사회적 사실'이라고 이름 붙였다. 학교에서 사회학을 가르치는 전공자들이나 사회학을 연구하는 학자들은 대부분 알고 있는 사회학의 핵심 개념 중 하나다. 지금부터는 '사회적 사실'과 '사회 구조' 개념을 활용해 사회 속 실패 현상을 살펴보자.

사회 구조와 시스템

사회 구조(social structure)란 사회를 구성하는 개인이나 집단이 서로 안정적인 틀을 형성하고 있는 것을 의미한다. 사회 구조는 거시적으로 경제·정치·문화·교육·산업 등 사회 분야에 따라 구성되고, 미시적으로는 가족, 또래집단, 학교, 지역 공동체 등의 구체적인 삶과 연관이 있다.

사회 구조는 건축물의 뼈대와 유사하게 한 번 형성되면 쉽게 변화하지 않는 모습을 보이는데, 구조 속 개인은 동일하거나 유사한 행위를 반복함으로써 구조를 안정적으로 유지하기도 하고 또 때로는 새로운 행위를 통해 구조를 변형시키기도 한다.

이처럼 사회 구조는 개인의 행위를 강제하기도 하고 또 필요한 경우 개인이 사회 구조를 변화시키기도 하는데, 이를 '구조와 행위의 이중성'이라고 한다. 구조와 행위의 이중성은 사회 속 개인과 구조의 관계가 일정한 규칙에 따라 반복적으로 작동하는 것을 보여주는데, 이러한 점에서 사회 구조는 일종의 시스템이라고 평가할 수 있다.

비판사회학회, "사회 구조와 사회 변동", 『사회학』(제2판), 한울아카데미, 2020.

우리는 평소에도 구조 또는 시스템이라는 용어를 자주 사용한다. 이 구조는 전체 중 일부가 변화하거나 다른 것으로 대체되어도 쉽게 무너지거나 파괴되지 않는다는 특성을 가지고 있다. 어떤 모습인지 상상하기 조금 어렵다면 생태계(eco system), 컴퓨터 시스템 등을 떠올리는 것도 괜찮다.

이름에서 알 수 있듯 사회 구조 역시 일종의 '시스템'이다. 사람 몇 명이 바뀐다거나 제도 몇 가지가 바뀌더라도, 심지어 사회를 뒤흔드는 엄청난 사건이 일어나더라도 사회 구조 자체는 쉽게 변화하지 않는다. 다른 시스템들과 마찬가지로 사회 구조 역시 눈에 보이진 않지만 거대한 시스템이 연합된 커다란 덩어리의 형태를 가지고 있다.

앞에서 이야기한 것처럼 성공만을 바라는 사회 분위기나 승자독식 구조 등도 사회 구조를 구성하는 하부 시스템의 일부이다. 그럼 실패한 사람들이 자기계발서나 힐링 서적을 탐독하도록 만든 것은 무엇일까? 개인의 무능이나 무기력함 또는 운의 부족 등이 만든 실패라는 결과 그 자체일까? 아니면 실패를 용납하지 않고 재도전을 계속해서 외치도록 만든 사회 구조일까?

'희생자 비난하기'라는 용어와 '시스템 비난하기'라는 용어가 있다. 희생자 비난하기란 어떤 사회 현상에 의한 피해와 실패의 원인이 개인의 능력이나 운, 배경 등 개인적 요소에 기인하거나 개인이 그 실패나 피해를 만들어 냈다고 해석하는 방법이다. 여기에는 누구든 개인적 요소만 극복하면 언제든 원하는 것을 얻어낼 수 있다는 시각이 숨어 있다. 희생자 비난하기 식의 접근법은 아주 간단하게 모든 현실을 희생자가 잘못했다는 방식으로 설명해 낼 수 있지만, 근본적으로 눈에 보이지 않는 사회 구조적 문제에 대해 통찰하기 어렵다는 한계가 존재한다.

반면 시스템 비난하기의 경우 문제가 형성된 사회 시스템에 대한 고찰에서부터 문제 분석을 시작한다. 승자독식 구조를 분석한다면 작게는 성공을 중시하고 실패를 용납하지 않는 사회 분위기부터 성공의 문을 계속해서 좁히는 과정을 통해 기업이나 연구기관 등이 '완성된 인재'를 손쉽게 획득할 수 있는 구조를 만들고 있는 것은 아닌지 의심해 보는 것이다. 또 '성공에 영향을 주는 보이지 않는 다른 무언가-이를테면 문화적 자본 등-'를 성공 과정에 계속 반영시켜 기득권층이 더 쉽게, 그러면서도 공정한 과정인 것처럼 보이게 하여 승자독식의 수혜층이 쉽게 바뀌지 않도록 만든 후 이를 공정한 경쟁으로 꾸미고 있는 것은 아닌지도 의심해 봐야 한다. 나아가 '인간성'을 상실시키고 인간을 성공만 추구하는 거대한 구조 속 부품으로 만들면서 이것을 계속 강화시키기 위해 성공에 필요 이상의 가치를 부여하고 있는 건 아닌지도 의심해야 한다. 이처럼 다양한 의심을 계속해 보는 것이 시스템 비난하기의 출발점이다.

내 실패의 원인은 내 능력이 아닐 수도 있다

사람들의 인생관이 모두 다르므로 성공에 대한 사람들의 의식이 다른 것도 당연하다. 성공을 추구하는 선구자들의 노력이 우리 삶을 항상 이전보다 조금 더 편리하고, 조금 더 윤택하게 만들어 주고 있는 것 또한 사실이다. 우리뿐 아니라 그 누가 오더라도 혼자 힘으로는 성공만을 추구하는 사회 분위기나 구조를 바꾸어낼 수 없다. 또한 성공하기 위해 우리가 쏟아 낸 노력을 평가 절하할 필요도 없고, 당장 성공을 거두지 못했을 때 우리에게 찾아올 미래의 불편함과 암담함을 애써 외면할 필요도 없다.

그럼에도 우리 사회에는 성공한 소수보다 실패한 다수가 언제나 더 많왔다. 그렇다 보니 성공을 쟁취하지 못한 사람들이 자기계발서와 힐링 도서를 통해 다시 성공에 도전하는 모습 역시 쉽게 찾아볼 수 있다. 자기계발서나 힐링 도서를 도핑(doping) 삼아 오늘도 다시 전속력으로 성공을 향해 달려가는 사람들이라면 한 번쯤 이 이야기를 머릿속에서 떠올려 보면 좋겠다.

'어쩌면 내 실패의 원인은 내 능력이 아닐 수도 있다.'

당장 우리 사회의 구조를 바꾸기란 좀 힘들겠지만, 세상은 앞으로 조금은 더 행복해져야 한다. 앞으로 잠시 넘어진 사람들이 지금보다 조금 더 행복한 환경에서 살 수 있도록, 항상 숨이 턱 밑까지 차오른 상태에서 앞만 보고 달려야 하는 환경에서 살지 않도록, 힐링 도서가 무분별한 도핑약의 역할을 수행하지 않았으면 하는 바람이다.

『자조론』

새뮤얼 스마일스(Samuel Smiles)는 스코틀랜드 태생의 영국 저술가다. 그는 『자조론』에서 산업혁명 시기 영국의 성장을 이끈 다양한 인물들을 소개하면서 성공한 사람들에게서 공통으로 '자조(Self-Help)'라는 요소를 찾을 수 있다고 주장했다. 『자조론』의 내용은 사회의 변화나 공동체적 노력에 의한 성공을 이야기하지 않는다. 그보다 개인의 근면과 노력, 능력 등에서 성공의 원인을 찾고 있다.

『자조론』은 독자들에게 당대 사회가 중요시한 가치인 성실과 근면, 정직과 끈기 등을 유지하기만 하면 언제든 성공할 수 있다고 이야기한다. "하늘은 스스로 돕는 자를 돕는다" "좌절을 참아 내면 성공이 찾아올 것이다" "늘 준비된 상태로 성공을 기다려야 한다" "한 번 온 기회는 잡지 않으면 반드시 떠나간다" "어떤 역경이 찾아오더라도 견뎌내야 꿈을 이룰 수 있다" 등 『자조론』의 주제는 현재도 자기계발서의 내용을 구성하는 기본적인 뼈대가 되고 있다.

『자조론』을 포함한 자기계발서의 근본적인 문제는 세상의 모든 사람을 '성공한 사람'과 '실패한 사람'으로 구분한다는 점이다. 성공한 사람과 실패한 사람을 이분법적으로 구분하고 성공의 원인으로 개인의 근면과 노력, 능력 등을 언급하게 되면 성공한 사람은 부지런하고 성실해서 성공했고, 실패한 사람은 게으르고 무능해서 실패했다는 결론을 도출할 가능성이 크다. 이 경우 게으르고 무능한 실패자에게 재도전의 기회를 부여하자는 의견은 근거 없는 감상주의이거나 세상을 모르는 철부지들의 억지에 지나지 않게 된다. 자기계발서 소비자의 대부분이 아직 성공하지 못한 사람들이라는 걸 고려한다면 『자조론』을 포함한 자기계발서는 성공과 실패가 모두 개인에 기인한다고 말하면서도 사회 구조적 문제를 고려하지 않는다는 비판을 피할 수 없게 된다.

1918년 『자조론』을 번역해 식민지 조선 사회에 보급한 최남선은 '말로만 애국을 부르짖지 말고 한 걸음씩 착실하게 노력하는 품성이 애국'이라고 했다. 역설적으로 3·1 운동 이후 일제의 조선에 대한 통치 전략이 문화통치 노선으로 변경되면서 식민 사회 청년들의 사회 진출을 장려하기 위한 '청년수양서'가 우후죽순 출판되었는데, 청년수양서들은 공통적으로 식민지 사회의 구조적 모순을 지적하기보다 자조가 사회적 성공을 가져올 수 있다는 논지를 전개했다. 개인의 노력과 자조, 자력갱생을 바탕으로 입신양명을 거두겠다는 자기계발서의 성공지상주의 논리는 이미 일제강점기부터 우리 사회에 자리 잡기 시작했다.

최희정, 『자조론과 근대 한국: 성공주의의 기원과 전파』, 경인문화사. 2020.

10장

한국 노동시장에서 찾아보는
미숙련 노동자 차별 요소

이중 노동시장 이론으로 살펴보는 한국 노동시장 속 다층적 차별 구조

10만 원의 가치가 사람마다 상대적인 이유는?

고등학교의 10월은 다른 달과 조금 더 다른 특별한 달이다. 학술 용어로 미숙련 단기 노동자, 전문 용어로 '알바생'이 쏟아져 나오는 시기이기 때문이다. 대학 입시를 마친, 좀 더 정확하게는 진학할 학교가 확정된 학생들은 용돈 벌이를 하기 위해, 평소 사고 싶었던 것을 사기 위해, 친구들과 겨울방학 해외여행을 가기 위해 등 나름의 이유로 아르바이트를 시작한다.

알바생이 하루에 벌 수 있는 돈은 어느 정도일까? 대부분의 고등학생 알바생들은 2022년 기준 시간당 최저시급 9,160원이나 그에 근접한 수준의 금액을 시간당 임금으로 받게 된다. 학교를 마친 후 네 시간 이내의 일을 한다면 2022년 기준으로는 하루에 약 3만7천 원가량을 벌 수 있다.

여기에서 잠시 화제를 돌려 10만 원의 가치를 가지고 이야기를 해보자. 10만 원은 성인의 하루 노동의 대가와 유사하다는 점에서 노동의 경제적 가치와 경제 활동의 대가를 객관적으로 비교해 보기 용이한 기준이다. 이 10만 원의 가치가 어떻게 해석되는지를 살펴보면 경제 활동-특히 노동 공급-에 참여하는 사람들의 구체적인 목표 분석이 용이해진다.

부모님께 용돈을 받아 쓰거나 하루에 4만 원 내외의 돈을 버는 학생들에게 10만 원은 어떤 가치를 가질까? 시간적 측면에서 본다면 10만 원은 청소년 알바생 한 명이 2~3일 간 노동을 제공한 대가와 동일한 가치가 될 것이다. 청소년의 일반적인 소비 성향이나 용돈 수준 등을 고려하면 2~3일간 노동을 제공한 대가보다 조금 더 높은 가치를 가질 수도 있다.

그럼 일반적인 사회인에게 10만 원의 가치는 어떻게 다가올까? 통계청이 발표한 자료에 따르면 2020년 12월 기준으로 임금 근로직에 종사하는 우리나라 회사원의 평균 월급은 약 320만 원이었다. 주 5일은 유급 근로일, 주 1일은 유급 휴일임을 반영해 1일당 임금을 계산하면 약 14만 원꼴이 된다. 사람마다 차이는 있겠지만 일반적인 성인 회사원에게 10만 원 내외는 충분히, 큰 부담을 느끼지 않으면서 지출할 수 있는 수준의 금액이다. 작은 금액은 아니지만 그렇다고 못 쓸 이유도 없는 수준의 돈인 셈이다.

이처럼 사람마다 10만 원이라는 돈에 대해 부여하는 가치는 각기 다르다. 하지만 이 세상을 살아가는 사람이라면 모두가 동일하게 가지고 있는 자원이 있다. 그것은 바로 '시간'이다. 지금부터는 시간과 돈이라는 각기 다른 자원에 대해 사람들이 부여하는 가치의 형태를 살펴보자. 이 작업을 통해 우리는 특별히 어른들과 구별되는 우리 사회 청소년의 사정을 좀 더 이해할 수 있다.

편의점 시장과 알바하는 청소년

우리나라의 모든 근로자에게 타 법령보다 우선적으로 적용되는 「근로기준법」에서는 크게 15세 미만의 노동자, 15세 이상 18세 미만의 노동자, 18세 이상의 노동자를 구분하고 있다. 고등학생의 경우 대부분이 만 16~18세 사이에 속하니 15세 이상 18세 미만의 노동자와 18세 이상 19세 미만의 노동자의 법적 지위를 나누어 살펴보자.

「근로기준법」은 만 18세 미만 노동자를 '미성년근로자'로 분류하고 몇 가지 보호 장치를 두고 있는데, 구체적으로는 근로 시간과 근로 환경 등에 있어 임산부와 함께 미성년근로자를 '특별히 보호해야 할 대상'으로 규정하고 있다.

「근로기준법」상 미성년근로자 보호 규정

제64조(최저 연령과 취직 인허증)
① 15세 미만인 자("초중등교육법"에 따른 중학교에 재학 중인 18세 미만인 자를 포함)는 고용노동부 장관의 취직인허증을 소지한 자가 아닌 경우에는 근로자로 사용하지 못한다.

제65조(사용 금지)
① 사용자는 임신 중이거나 산후 1년이 지나지 아니한 여성(이하 "임산부"라 한다)과 18세 미만자를 도덕상 또는 보건상 유해·위험한 사업에 사용하지 못한다.
② 사용자는 임산부가 아닌 18세 이상의 여성을 제1항에 따른 보건상 유해·위험한 사업 중 임신 또는 출산에 관한 기능에 유해·위험한 사업에 사용하지 못한다.

제67조(근로 계약)
① 친권자 또는 후견인은 미성년자의 근로 계약을 대리할 수 없다.
② 친권자, 후견인 또는 고용노동부 장관은 근로계약이 미성년자에게 불리하다고 인정하는 경우에는 이를 해지할 수 있다.

제68조(임금의 청구)
미성년자는 독자적으로 임금을 청구할 수 있다.

제69조(근로 시간)
15세 이상 18세 미만인 사람의 근로 시간은 1일에 7시간, 1주에 35시간을 초과하지 못한다. 다만 당사자 사이의 합의에 따라 1일에 1시간, 1주에 5시간을 한도로 연장할 수 있다.

제70조(야간 근로와 휴일 근로의 제한)
② 사용자는 임산부와 18세 미만자를 오후 10시부터 오전 6시까지의 시간 및 휴일에 근로시키지 못한다.

그런데 이 법 규정이 현실에서도 잘 적용되고 있을까? 지금부터 필자가 현실에서 직접 겪었던 사례를 소개해 볼까 한다. 의외로 우리 주변에서 쉽게 찾을 수 있는 이야기이니 주변에 유사한 일이 없는지 한번 돌아보면 좋을 듯하다.

교편을 잡은 지 얼마 되지 않았을 때였다. 고등학교 3학년 학생들이 본격적으로 알바를 시작하는 11월쯤으로 기억한다. 진학할 대학교가 정해진 학생이 "선생님, 저 내일부터 아르바이트 나가요"라고 이야기해 주었다. 잘 되었다는 생각이 들어 그 친구의 첫 취업을 축하해 주었다. 그런데 얼마 지나지 않아 그 친구가 어두운 표정으로 나를 찾아 왔다. 무슨 일인지 궁금해서 왜 그런 표정을 짓고 있냐고 물어보니 조금 머뭇거리다 답변을 해 주었다.

그 친구는 "사장이 정해진 출근 시간보다 30분 빨리 오라고 하는데 그마저도 지각한 날에는 시급을 받지 못하도록 하고 있어요"라고 이야기해 주었다. 이게 뭔 말인가 싶어 더 이야기를 들어보니 계약서 작성, 주휴수당 지급, 휴식시간 보장 등 글로 배웠던 「노동법」 대부분이 이 친구에게는 지켜지지 않고 있다는 걸 알게 되었다.

속상한 마음에 그 사업장에 전화를 걸어 자초지종을 확인했다. 그 친구가 일하던 사업장은 등굣길에 위치한 중간 규모의 편의점이었다. 편의점 사장은 당신이 뭔데 이 일에 참견이냐는 뉘앙스로 "선생님이 신경 쓸일 아닙니다"라고 퉁명스럽게 쏘아붙였다. 너무 황당한 나머지 그 편의점으로 냅다 달려갔다.

이후 이야기는 어떻게 진행됐을까? 정의감에 넘치는 젊은 교사 한 명이 달려가 "이건 잘못된 겁니다!"라고 소리치니 편의점 점주도 "아, 잘못된 것이군요. 앞으로 고치겠습니다"라면서 문제가 바로 해결되는 영화 같은 그런 상황이 펼쳐졌을까? 절대 그럴 리 없다. "어디서 선생 따위가 이래라 저래라하냐"며 문전박대를 당했음은 물론, 책에서는 차마 이야기하기 어려운 더 심한 수모를 겪었다. 친하게 지내던 변호사의 조언과 지역 근로감독관의 도움을 통해 결국 이 일을 해결하긴 했지만, 당일 편의점에서 편의점주에게 들었던 모욕적인 말은 아직도 머릿속을 떠나지 않고 있다.

물론 이 이야기는 여기에서 끝나지 않았다. 작은 시골 읍 단위 지역에서 벌어진 일이었던지라 아르바이트비 분쟁에 대한 내용이 지역 사회에 금방 퍼졌고, 지역 상인들은 내가 근무하는 학교 학생들을 더 이상 아르바이트로 쓰지 않겠다고 담합했다는 소문까지 들렸다. 실제로 몇몇 제자들이 아르바이트 면접만 가면 떨어지는 모습도 목격했다. 직접 지역 상인 당사자들에게 직접 들은 것은 아니었지만 떼를 쓰면 요구사항 다 들어준다는 선례를 남기지 않기 위해 부득이하게 취한 선택이라고 했다는 이야기를 한 다리 건너 듣고는 더욱 헛웃음이 나왔다.

알바를 하고 싶어 하지만 알바 자리를 구하지 못한 아이들을 보면서 미안함과 안타까움이 마음속을 스쳐 가는 것 또한 어쩔 수 없었다. 혹여나 내가 문제에 직접 개입한 그 선택 때문에 일할 기회를 박탈당한 제자라도 있으면 어쩌나, 그리고 그 제자의 가정이 경제적으로 너무 어려워 당장 돈을 벌지 않으면 안 되는 상황이라면 또 어쩌나, 뭔가 큰 실수를 한 것이 아닐까 하는 죄책감도 휘몰아쳤다. 생각보다 운 좋게도 경제적으로 곤란하거나 꼭 일해야만 하는 상황에 처한 아이는 없었던 것 같아 다행이라고 생각하지만, 혹시라도 그때의 그 선택 때문에 힘들었던 친구가 있었더라면 지금이라도 꼭 미안하다는 말을 전하고 싶다.

현실 속 노동 조건은
왜 청소년에게 불리한 형태로 만들어질까?

시골의 작은 읍 새내기 교사가 겪은 에피소드지만 아르바이트를 해 본 사람이라면 한 번쯤은 들어보았거나 겪어 보았을 에피소드일 것이다. 꺾기, 이중계약, 계약서 없는 계약, 벌금 규정 등 성인 회사원에게는 찾아보기 힘든 변칙 계약이 청소년 아르바이트 계약에는 참 많이 있다.

노동계에서 사용되는 은어

- 카톡 감옥 : 퇴근 후나 심지어는 휴가 중에도 카카오톡 등 소셜미디어로 업무 지시를 받아 일해야 하는 상황
- 보따리장수 : 대학 강사가 학기 단위로 여러 학교를 돌아다니며 강의하는 상황
- 크런치 모드 : 게임 출시 전 짧게는 몇 주에서 몇 달에 이르는 기간 동안 야근이나 밤샘 근무를 해야 하는 상황
- 구로의 등대 : 24시간 불 켜져 있는 게임업체 건물(유사 표현 : 오징어잡이 배)
- 태움 : 선배 간호사가 신임 간호사를 교육하며 괴롭힘 등으로 영혼이 재가 될 때까지 태우면서 길들이는 업무 관행
- 화출, 화착 : 콜센터 노동자가 업무 중 화장실로 출발하고 화장실에서 나올 때마다 메신저로 보고하는 상황을 담아낸 표현
- 디졸브 : 한 화면이 흐려지면서 다른 화면으로 바뀌는 것을 의미하는 방송영상 편집 기법, 방송계에선 오늘과 내일의 경계가 없을 정도로 장시간 밤샘 촬영하는 것을 의미
- 깔때기 : 사회복지공무원들의 업무 처리 과정에서 복지 사업이 늘어나는 것에 비해 현장 담당 인력이 부족해 업무가 깔때기처럼 집중되고 업무 부담이 가중되는 상황
- 따당 : 부산–서울 같은 장거리 구간을 하루 만에 왕복 운행해야 하는 운송 상황
- 분급 : 분 단위로 계산하는 급여, 설치 수리 서비스 노동자의 임금 지급 형태
- 하리꼬미 : 수습기자가 교육을 받는 기간 동안 경찰서 기자실에서 숙식하며 밤샘 취재를 하는 것
- 꺾기 : 14시부터 17시 사이의 한가한 시간에 고용인을 강제로 휴식하게 하여 이를 핑계로 임금을 지불하지 않는 행위

김영선, "[건강한 노동이야기] 일터 은어와 과로 자살, 방치되고 반복되는 죽음들", 「민중의소리」, 2022.02.10. vop.co.kr/A00001608684.htm

어른들은 대부분 일하는 학생들에게 "일할 시간에 공부나 하지, 왜 굳이 일해 문제를 만드냐!"며 일갈하기 일쑤이지만, 이런 반응은 청소년 노동자들의 사정을 전혀 들어보지 않고 하는 뜬구름 잡는 이야기일 뿐이다. 청소년들 역시 급하게 돈 쓸 일도 있을 수 있고, 사고 싶은 것도 있을 수 있고, 드물긴 하지만 형편상 어쩔 수 없이 일해야 하는 소년소녀가장 같은 경우도 있으니 말이다.

청소년들에게도 돈이 필요한 상황이 많이 생긴다는 점, 좀 더 나아가 '청소년도 일할 수 있다'는 점에 공감하지 않으면 꺾기 등의 여러 불공정 계약은 언제든 발생할 수 있다. 특히 청소년들은 노동시장에서 '사용자로부터 임금을 받아야 한다'는 약자의 위치에 성인이 아니어서 발생하는 약자 위치를 이중적으로 동시에 가지고 있다. 어린 나이와 노동자라는 이중적인 약자의 지위를 가지는 청소년 노동자 입장에서 성인 고용주의 불합리한 요구사항을 거절하는 것은 생각보다 쉽지 않다.

시간당 최저 임금 보장, 연장·야간·휴일근로에 대한 추가수당 지급, 4대 보험 가입, 휴식시간 보장, 근로계약과 실근로시간의 일치(꺾기 미실행) 등 법에 당연히 보장되도록 적혀 있는 대부분의 노동 조건이 청소년 노동자들에게는 '지켜 주면 감사한' 요소가 되는 경우를 우리는 주변에서 자주 볼 수 있다. 이번에는 청소년 노동시장으로 대표되는 우리 주변의 드러나지는 않지만, 생각보다 복잡하고 잔인한 소수자의 노동시장에 대해 살펴보자.

노동시장에는 어떤 차별 요소가 있을까?

정규직과 비정규직

노동시장, 전문 용어로 '취직할 자리'는 크게 정규직 시장과 비정규직 시장으로 나눌 수 있다. 정규직 시장과 비정규직 시장을 가르는 일반적인 기준은 근로 방식·근로 기간·고용의 지속성 여부 등이다. 쉽게 말하면 계약 기간이 있거나 일정 사유가 있는 경우 언제든 계약 해지가 가능한 것이 비정규직 고용 개념이며, 반대로 고용의 지속성·안정성 등을 보장받는 경우가 정규직 고용 개념이라고 할 수 있다.

노동의 유연화

유연성(flexibility)이란 상황의 변화에 얼마나 민첩하게 대처할 수 있는지를 설명하는 개념이다. 노동과 관련한 유연성에는 노동 시간의 유연성과 노동 고용의 유연성 개념이 있다.

노동 시간의 유연성이란 노동자가 사용자와의 계약을 통해 제공하기로 한 구체적인 근로시간과 근무 형태를 노동자가 유연하게 바꿀 수 있는 것을 뜻하는 것으로, 재택 근무, 원격 근무, 유연 근무 등이 이에 해당한다. 코로나19 이후 기업체에서 다양한 근무 형태를 정식으로 채택함에 따라 노동자의 노동 시간 유연성은 대기업을 중심으로 점차 확대되는 추세다.

노동의 유연성이란 고용주가 노동 고용을 유연하게 조정할 수 있느냐에 대한 개념이다. 수요와 공급 및 한계(marginal) 개념에 기대는 주류경제학은 예상되는 상품 판매 수입 규모에 맞추어 고용을 최적 수준으로 적절히 바꿀 경우 이윤 극대화가 가능하다고 본다. 노동 유연성은 이윤 극대화를 위해 필수적인 것으로 쉬운 해고, 비정규직 고용 확대 등을 통해 시장 상황에 맞추어 노동 고용을 최대한 탄력적으로 조정하는 것을 추구한다. 우리 사회에서 일반적으로 사용하는 노동의 유연성, 유연한 고용 등은 이 개념을 가리킨다. 기업 입장에서는 노동의 유연성이 폭넓게 보장되기를 원하나 노동자 입장에서는 노동의 유연화가 보장될 경우 쉬운 해고로 연결, 노동자의 생계 유지에 큰 위협이 발생할 수 있으므로 유연성의 확대를 환영하지 않는다.

일반적으로 노동의 유연성을 전제로 만들어진 기간이 있는 근로계약(비정규직 계약)의 경우 최소한의 근로 보장 기간을 보장하거나 근로를 제공하는 기간에는 평균적인 임금 수준보다 높은 임금을 보장하는 등의 보완책을 통해 비정규 노동 계약자의 생활 안정화를 도모한다. 대한민국의 경우 동일 조건의 비정규직 계약이 2년 이상 계속될 경우 기간제 계약을 기간의 정함이 없는 계약(무기계약)으로 전환하는 형태로 비정규직 계약을 안정화하는 제도를 적용하고 있다. (「기간제 및 단시간 근로자 보호 등에 관한 법률」 제4조)

노동시장에서 사용자-노동자 간 계약 개념이 등장하기 시작한 것은 사용자와 노동자가 명확히 분리되기 시작한 산업혁명 이후다. 별다른 해고 사유가 없는 경우 종신에 가까운 고용을 보장받는 정규직과 달리 고용 기간을 정한 기간제 계약은 대부분 전문직이나 프리랜서 등 특별한 능력이나 조건을 가지고 있음을 전제로 이루어진다. 사정이 이렇다 보니 동일한 노동을 제공하는 정규직 노동자에 비해 좀 더 높은 수준의 임금을 보장하는 것을 전제로 하는 계약인 경우가 많다.

그러나 대한민국에서는 정규직 노동자와 비정규직 노동자의 구분이 고용의 형태가 아닌 신분의 높고 낮음의 형태로 활용되는 경우가 많다. 앞에서 본 것처럼 유럽은 임금·근무 조건·자신의 인생관 등을 종합적으로 고려해 정규직/비정규직 고용 형태를 선택하는 시스템이 정착되어 있다. 반면 대한민국의 비정규직은 정규직에 비해 가혹하고 힘든 노동을 시키면서도 언제든 쉽게 해고할 수 있는 사회적 약자의 위치에 있다. 이제 비정규직 노동자가 노동시장에서 마주하는 다원적 차별 요소를 살펴보자.

일반적으로 노동시장에서 노동자의 지위를 결정짓는 요소는 '대체 가능성'이다. 현재 고용된 노동자가 언제든 타 노동자로 대체되기 쉬운 경우 그 노동자는 노동시장에서 약자의 위치에 놓일 가능성이 높고 반대로 그 노동자가 타 노동자로 대체되기 어려운 경우 그 노동자는 상대적으로 사용자에게 많은 것을 요구할 수 있게 된다. 이를 어려운 말로 '협상력'이라고 한다. 매년 배출되는 노동자 수를 '시험 합격생'의 수로 제한하는 의사와 변호사

등 전문직이나 최고 수준의 선수가 일반적 성적을 내는 선수에 비해 훨씬 적으면서도 대체되는 것이 불가능에 가까운 스포츠 시장에서의 슈퍼스타, 또는 시장에서 사람들의 인기를 독차지하는 대체 불가 수준의 정상급 연예인 등은 일반 노동자에 비해 높은 협상력을 보이는 대표적인 사례라고 할 수 있다. 이런 위치에 놓인 사람들은 자신이 대체될 수 없다는 것을 알고 있으므로 사용자와의 협상 위치에서 유리한 위치를 가질 수밖에 없다.

노동시장의 협상력과 슈퍼스타 이론

특정 사안에서 협상이 개시되었다는 것은 양쪽의 이해관계가 충돌하는 상황이라는 것을 의미한다. 협상의 결과는 양쪽이 모두 만족할 수도 있고 어느 한쪽에 유리한 형태로 나타날 수도 있는데, 협상의 주도권을 결정하는 중요한 요소 중 하나에 협상력이 있다.

협상력의 결정 요소에는 여러 가지가 있는데 노동시장에서는 노동자의 대체 가능성이 중요한 요소가 되는 경우가 많다. 어떤 노동자가 타 노동자로 대체되기 어려울수록 노동자의 협상력이 강해지고 반대로 노동자가 타 노동자로 대체되기 쉬울수록 노동자의 협상력은 낮아진다. 결국 노동자가 노동시장에서 유리한 위치에 서기 위해서는 자신의 대체 불가능성을 최대한 어필할 수 있어야 한다.

대체 불가능성에 의해 협상력이 극대화되는 시장이 바로 연예계와 스포츠 시장이다. 이 시장에서 최고 수준의 연예인이나 스포츠 스타 등은 일반적인 노동자와 엄청난 차이를 보이는 고소득을 자랑하는데, 이는 연예계와 스포츠 시장이 일반적인 노동시장과 다른 특징을 보이기 때문이다.

연예계나 스포츠 시장은 대중 매체를 통해 음반이나 연기 혹은 스포츠 경기 등의 상품을 동시다발적으로 불특정 다수에게 제공한다. 매스미디어를 통한 상품 공급을 전제한 연예계나 스포츠 시장의 특징을 정리하면 다음과 같다.

특징 1. 이 시장의 모든 구입자는 최고의 생산자(=슈퍼스타)가 제공하는 상품을 구입하고자 한다.
특징 2. 이 상품을 생산하는 기술은 최고의 생산자가 모든 구입자에게 최저 비용으로 상품을 제공할 수 있는 기술이다.

그레고리 맨큐, "소비자의 선택이론 중 슈퍼스타 현상", 『맨큐의 경제학』, 센게이지러닝, 2021.

소비자들은 대부분 자신이 가장 좋아하는 배우의 연기, 아이돌 가수의 노래와 춤, 스포츠 선수의 플레이를 보기를 원하며 방송 상품을 제작하는 방송사와 기획사, 스포츠팀의 경우 슈퍼스타가 출연하는 콘텐츠를 개발해야 한다. 소비자는 최고 수준의 상품을 소비하기만을 원하기 때문인데, 매스미디어를 통해 공급되는 콘텐츠의 경우 제작 과정에서는 많은 비용이 소모되나 공급 과정에서는 실질적인 비용이 거의 발생하지 않는다. 따라서 이 시장에서는 수요자와 공급자 모두 최고 수준의 연예인이나 스포츠 선수만을 원하게 되고 슈퍼스타와 평균 수준의 연예인이나 스포츠 선수 간 몸값 및 협상력에 천문학적인 차이가 발생할 수밖에 없다.

노동시장에서 슈퍼스타 이론은 영화, 드라마, 노래, 춤, 스포츠 등 대중 매체 발달 이후 급성장한 연예계 시장에서 왜 슈퍼스타들이 천문학적인 연봉을 받고 기업과의 협상력에서도 줄곧 우위를 차지하고 있는지를 설명하기에 적합한 설명 도구이다.

노동시장의 차별 요소

대체 가능성에 기반하는 협상 능력이 일반적인 노동시장에서의 노동자 지위를 결정짓는 기준이라면 이번에는 우리나라의 특수한 문화에서 나타나는 노동시장의 차별 요소를 살펴보자. 과거부터 미성년자를 성년에 비해 인격적 완성이 덜 된 사람으로 인식해 온 「민법」의 태도, 나이에 따른 위계질서를 중시하는 유교적 문화 등은 성인 사용자들이 미성년 노동자에게 강압적으로 대하는 문화를 만들어 왔다. 거기에 기초 교육만 받고 노동시장에 투입되는 청소년 노동자 대다수는 단순 노동을 제공할 가능성이 상당히 높은 데다가 과거부터 노동을 천대하고 학문을 숭상해 온 대한민국 문화의 특성상 어른들은 청소년의 노동에 대해 부정적인 경우가 많다. 우리나라의 「민법」「근로기준법」 등은 청소년의 노동 보호를 위해 청소년 근로계약 시 보호자(혹은 법정대리인)의 동의를 반드시 요구하고 있는데, 법령이 만들어 놓은 보호 장치와 사회 속 사람들의 시각 사이에 엄청난 차이가 존재하는 상황 속에서 미성년 노동자가 법정대리인(혹은 보호자)의 동의 없이 노동시장에 뛰어드는 경우가 허다한 것이 현실이다.

「민법」 제5조(미성년자의 능력)
① 미성년자가 법률행위를 함에는 법정대리인의 동의를 얻어야 한다. 그러나 권리만을 얻거나 의무만을 면하는 행위는 그러하지 아니하다.
② 전항의 규정에 위반한 행위는 취소할 수 있다.

「근로기준법」 제66조(연소자 증명서)
사용자는 18세 미만인 사람에 대하여는 그 연령을 증명하는 가족관계 기록사항에 관한 증명서와 친권자 또는 후견인의 동의서를 사업장에 갖추어 두어야 한다.

미숙련상태인 미성년 노동자의 경우 그 특성상 노동 협상력이 부족할 수밖에 없다. 여기에 미성년 노동자가 여러 이유로 법정대리인의 동의를 받지 않고 몰래 아르바이트를 하는 경우나 작업장 내에서 상대적으로 강자인 어른들의 눈칫밥을 먹어 가며 일을 할 수밖에 없는 상황에 놓인 경우 노동시장에서 상대적 약자에 놓일 수밖에 없다.

여성 노동자에 대한 차별

다음 주제는 성별과 관련한 노동 구조 이야기이다. 과거에 비해 분명 나아지긴 했지만 아직까지 노동시장에서는 '동일 조건이라면 (혹은 조금 차이가 있더라도)' 남성 노동자를 여성 노동자보다 선호하는 경향이 강하다. 특히 남성 노동자가 군 복무 간 단순 노동 방법과 태도를 학습했을 가능성이 높다 보니 미숙련 시장의 경우 별다른 재교육 없이 언제든 업무에 투입 가능한 군필 남성 노동자를 선호하는 경우가 더 많다.

여성 노동자를 선호하는 경우는 파출부, 간호 보조 등 직업적으로 여

초 성향이 강한 경우가 대부분이고, 이마저도 타 직종에 비해 훨씬 열악한 대우를 제시받는다. 최근 나아지고 있긴 하지만 여전히 여성에 대한 차별이 남아 있는 우리 사회에서 미숙련 노동시장 내 남성 노동자에 비해 협상력이 떨어지는 여성 노동자는 상대적으로 약자 위치에 위치할 수밖에 없다.

지금까지의 내용을 간단히 정리해 보자. 돈을 벌기 위해 청소년들이 들어서는 미숙련 노동시장의 경우 청소년 노동자들은 협상력 부족, 어른과 아이 간의 권위적인 관계 등의 복합적 영향력으로 인해 상대적으로 약자의 위치에 놓일 수밖에 없다. 또한 여성의 경우 여성에 대한 사회 구조적 차별 및 미숙련 노동시장에서의 업무 특성 등으로 인해 미숙련 남성 노동자에 비해 차별받는 위치에 놓일 수밖에 없다. 노동시장에서 비정규직 노동자, 청소년, 여성 등은 명확히 드러나는 차별 요소라고 이야기할 수 있다.

이중노동시장은 어떤 문제가 있을까?

우리 주변에서 쉽게 볼 수 있는 청소년 노동과 비정규직 노동시장 이야기를 했는데, 이번에는 이 논의를 좀 더 이론적·상식적인 일반화 수준으로 확장시켜 보자.

능력주의를 사랑하는 우리 사회는 모든 사회적 평가가 개인의 능력에 기반해서 이루어져야 한다는 믿음을 가지고 있는 경우가 많다. 또 모든 평가와 보상 역시 능력과 기여, 업적 등에 의해 이루어져야 한다고 생각한다. 앞에서 노동시장이 미숙련 노동시장과 숙련 노동시장으로 노동시장이 나누어져 있으며 대한민국에서는 비정규직과 정규직의 구분이 일종의 신분제처럼 자리 잡고 있다는 점을 살펴보았다. 그럼 만약 미숙련 노동시장에서 비정규직 신분인 사람이 높은 성과를 거두었다면 그 사람들에게 정규직 편입 혹은 숙련 노동시장으로 유입될 기회를 보장하는 것이 필요할까? 대한민국의 미숙련노동자들은 과연 그런 기회를 보장받고 있을까?

논쟁의 여지가 있지만, 기본적으로 우리 사회에는 비정규직 노동자가 정규직 시장에 별도의 선발 절차 없이 진입하는 것을 상당히 '공정하지 않음'으로 여기는 풍토가 강하다. 사람들은 대부분 정규직 자체도 신분인 만큼 시험 등 공식적인 선발 절차를 거쳐야만 공정하다고 생각한다. 이 외에도 정규직에 대한 어려운 해고나 비정규직 노동자에 대한 생각 등 함께 나누어 볼 이야기가 많지만, 지금부터는 이러한 생각을 설명하기에 용이한 이중노동시장 이론을 살펴보도록 하자.

이중노동시장 이론은 사회 속 모든 노동시장이 기본적으로 1차 노동시장과 2차 노동시장으로 나뉜다고 분석한다. 1차 노동시장이 정규직 · 숙련 · 고연봉을 보장받는 시장이라면 2차 노동시장은 저학력 저숙련 · 단순노동 · 저연봉이 적용되는 시장이 된다. 두 노동시장은 기본적으로 분절(divided)되어 있으며, 하나의 노동시장으로 합쳐지기 어렵다. 이는 한 번 숙련시장에 편입된 사람의 경우 계속 숙련시장에 남아 있을 수 있지만 미숙련노동시장에 속한 경우 숙련 시장에 편입되기 위한 선발 과정을 거치지 않을 경우 그 사람이 거둔 업적, 가진 능력, 지금까지 보여 준 기여도 등과 관계없이 계속 미숙련 시장에 남아 있어야 한다는 이야기가 된다.

또한 이중 노동시장 이론은 2차 노동시장의 열악한 근무 조건, 낮은 임금 수준, 미숙련, 저학력 등의 특성이 저소득층, 사회경제적 하류층 출신 노동자들이 속하는 노동시장을 만들어 낸다고 본다. 상대적으로 적은 임금을 보장받는 2차 노동시장 노동자들은 부족한 자원 등으로 인하여 새로운 전문기술을 배우거나 학력 수준을 높이는 것 또한 어렵다. 결과적으로 노동지장의 분절은 2차 노동시장에 속한 노동자들의 계층 상승과 이동 가능성을 상당히 낮게 만들고 계층 재생산과 대물림이 일어날 가능성을 높이는 것이다.

한국 노동시장의 문제

대한민국의 노동시장 구조를 대표하는 개념 중 하나가 하청이다. 하청은 구체적으로 원 업무관리자(원청 수급자)가 해당 업무를 대신 맡아 처리해 줄 하청업자를 선정하고 하청업체는 원청을 대신에 해당 업무를 처리하는 구조를 띄고 있다.

최초 하청은 대기업에게 몰리는 일감을 처리하지 못해 그 중 일부를 중소깅버 등에게 나누어주는 형태로 이루어졌으나 최근에는 대기업은 기획·사업 관리·기술 개발 등 비교적 중요하며 난이도가 높은 일을 전담하며 생산 등 단순 노동 형태이거나 업무 난이도가 비교적 낮은 일은 하청 형태로 처리하는 이중 구조가 일반적으로 자리잡고 있다.

하청을 통해 원청업체는 비용을 혁신적으로 절감할 수 있는데, 구체적으로는 단순생산형 업무가 발생할 경우에만 하청업자를 선정하면 되므로 노동 유연화를 실현하기에 유리하다. 또 업무 과정에서 산업재해가 발생할 경우 그 책임을 하청업체에 전가할 수 있으므로 각종 소송의 부담에서도 벗어날 수 있다. 모든 업무가 사실상 원청인 대기업의 일임에도 불구하고 대기업은 비용 절감과 리스크 최소화를 달성할 수 있으므로 굳이 하청 구조를 회피할 필요가 없다. 또 하청업체는 대기업으로부터 일감을 계속해서 제공받아야만 생존이 가능하므로 원청의 요구를 받아들일 수밖에 없다.

이 과정에서 하청업체는 각종 비정규직 노동 계약 형태를 통해 임금을 절감해 하청업체의 이윤 수준을 유지하며, 하청업체의 노동자는 저임금·저숙련 등 비정규직 노동시장에서 노동자에게 나타나는 일반적인 상황에 처할 수밖에 없게 된다.

이중 노동시장 이론은 1차 노동시장을 자체 승진 기준·훈련 과정·임금 수준·노동자 배치 등을 결정짓는 기업의 내규가 적용되는 노동시장으로 정의하는데, 대부분의 기업체 정규직 직원이 이에 속한다. 1차 노동시장에서 노동자는 취업 후 그 기업에 맞는 형태로 계속해서 훈련되며, 지속적인 승진·승급 등을 통해 숙련 유인을 제공받는 한편, 안정적인 고용과 높은 임금을 보장받는다. 이를 통해 기업은 높은 숙련도와 특수한 능력을 보유한 우수한 인재를 확보할 수 있게 되며, 노동자 역시 높은 수준의 임금 체계와 안정된 고용 상태를 유지하기 위해 고학력화·고경력화·고수준 유지·신규 인력의 기업 내 진입 방해 등의 전략을 사용한다.

반면 2차 노동시장은 기업체 외부에서 형성되는 노동시장으로 기업의 내규가 아닌 시장의 수요-공급 원리가 철저히 적용되는 노동시장이다. 2차 노동시장의 노동 형태는 저숙련·저소득의 모습을 보이며 개별 노동자는 언제든 타 노동자로 대체되어도 무방하므로 고용의 연속성 및 안정성이 보장되기 어렵다. 2차 노동시장에 속한 노동자는 저임금, 열악한 노동 조건, 승진 기회 박탈 등을 감수할 수밖에 없는데, 2차 노동시장은 일반적으로 여성·저학력자·연소자·빈민층 등 사회적 약자들로 구성되는 경향이 있다. 2차 노동시장에 한 번 들어간 노동자는 높은 업무적 성과를 거두더라도 1차 노동시장에 속하는 것이 상당히 어렵다. 이는 1차 노동시장과 2차 노동시장이 완전히 다른 성질로 서로 분절(divided)되어 있기 때문이다.

이중 노동시장은 1차 노동시장과 2차 노동시장의 분절 과정에서 2차 노동시장에 속한 저숙련·비정규직 노동자들이 쉽게 자신의 근로 환경을 개선시키기 어렵다는 것을 보여준다. 결국 대한민국 사회의 고학력 추구 현상은 1차 노동시장과 2차 노동시장이 고도로 분절되어 있고 1차 노동시장에서 보장되는 안정적 고용과 고임금을 신분으로 해석하는 우리 사회의 뒤틀린 노동관이 만들어 낸 사회 구조라 할 수 있다.

이중 노동시장 이야기는 우리에게 특별히 시사하는 바가 크다. 가정 형편 등으로 인해 어쩔 수 없이 어린 나이에 비정규 노동시장으로 뛰어든 청소년이 있다고 하자. 이 친구처럼 어린 나이에 비정규 노동시장으로 뛰어든 청소년들은 다른 친구들이 숙련 노동자, 혹은 전문기술을 가진 사람이 되기 위해 학습에 투자할 시간을 돈을 버는 데 사용하게 된다. 돈을 버는 데 시간을 투자한 만큼 학습 및 학력 수준 확보에 투자하는 시간은 그만큼 줄어들게 된다. 따라서 일을 그만두는 경우가 아니면 숙련 노동시장에 진입하는 데 필요한 지식, 학력, 경험 등을 갖추는 것이 상당히 어렵게 된다.

만약 이 과정이 계속되어 단순 노동을 제공하는 노동자가 될 경우에는 어떻게 될까? 젊은 나이에 단순 기술을 배우고 노동을 제공하는 것까지는 어렵지 않을 것이지만, 항상 자신이 다른 노동자로 대체될 수 있음을 머릿속에 넣고 살아야 할 것이다. 신분 보장이 없는 '유연한 고용'이 이루어지는 비정규직 노동시장에서는 비정규직 노동자들이 월급 인상 등을 요구하기도 쉽지 않다. 지속적인 협상이나 이적 등을 통해 자신의 가치를 계속해서 높여 나갈 수 있는 숙련 노동자와 달리 반면, 2차 노동시장에 속한 비정규노동자의 경우 현 고용이 유지되는 것만으로도 감사해야 하고 사용자의 의지에 따라 자신의 운명이 정해지는, 노동자와 사용자 간의 협상력 상 균형이 전혀 잡히지 않은 상황이 전개되는 모습을 보인다.

숙련 노동자와 미숙련 노동자 중 어떤 사람이 노동자로서 더 높은 가치를 가지는지 구분하는 것은 사실상 불가능하다. 사회의 모든 부분에 있어 고도의 분업을 전제로 하는 현대 사회의 특성상 생산의 기여에 정도의 차이는 있겠지만 숙련 노동은 가치가 있고 미숙련 노동은 가치가 없다는 형태의 분석은 설득력이 떨어진다. 매년 많은 사람이 비정규 노동시장에 유입되는 현대 사회에서 고용 형태로 약자를 구분하는 것이 과연 옳을까? 다양한 스펙트럼을 가진 사람들이 서로 이해하고 연대하며 의존해야 할 현대 사회를 더 좋은 사회로 만들기 위해서 반드시 고민해 보아야 할 부분이다.

학교에서 생활법과 경제 교육이 필요한 이유

OECD 국가들 가운데 학업에 투자하는 시간은 둘째라면 서럽다고 할 정도로 많은 시간을 투자하는 대한민국에서는 역설적으로 법과 경제 등 실생활에 꼭 필요한 교육이 잘 이루어지지 않는 현실이다. 특히 법과 경제 등 생활에 꼭 필요한 지식 대부분이 선택 과목에 편성되어 있는 교육 과정 구조에서 학생들은 특별히 법과 경제 등을 공부하겠다고 생각하지 않으면 학습 기회를 보장받기도 어렵다.

엎친 데 덮친 격으로 학생들의 학습 부담을 덜어 주겠다는 명분 아래에서 교과의 내용을 자꾸 덜어내다 보니 정작 학생들이 살면서 꼭 알고 있어야 할 경제와 법 상식 등을 함께 공부할 수 있는 기회가 점차 줄어들고 있다. 거기에 학교의 일부 관리자들은 "학교에서 노동 교육을 하면 공부 그만 시키고 일이나 시키라고 조장하는 것 아니냐"면서 노동 교육이나 직업과 관련한 경제 교육 시행 자체를 부정적으로 생각하는 경우도 허다하다. 학부모들 역시 노동을 천대시하는 전통적인 대한민국의 사상에 맞추어 국·영·수 등 주요 과목이 아닌 실생활 속 노동법, 경제 교육 등에 대해서는 비판적으로 받아들이는 경우가 많다.

'권리 위에 잠자는 자는 보호받지 못한다'는 법 격언이 있다. 법으로 규정해 둔 권리를 모르거나 행사하지 않은 경우가 있더라도 추후 이를 보장해 주지는 않겠다는 의지를 보여 주는 격언이다. 이는 근로계약 등 각종 계약에 있어서도 당연히 적용되는 기본 원리이다.

중고등학교를 다니거나 학교 밖에 있는 10대 청소년은 몇 년 내에 사회에 진출할 예정인 '절반은 아이지만 나머지 절반은 어른에 가까운' 이중적 존재다. 청소년들이 사회에 나가서 상처받지 않는 삶을 살기 위해선 청소년들이 배워야 할 것도 많고 어른들이 알려주어야 할 것들도 많다. 물론 청소년과 어른들이 다 함께 고민하며 해결해 나가야 할 숙제도 많고 당장 해결해야 할 급한 문제들도 많다. 반대로 없어지지 않도록 계속 지켜나가야 할 부분도 많다.

앞으로 더 좋은 세상을 만들기 위해 어른들과 청소년이 함께 해결해 나가야 할 우리 사회 속 숙제들, 남의 일이 아닌 나에게 언제든 일어날 수 있는 일이라고 생각하고 조금 더 관심 가져야 할 때다.

11장

30년 전 「교실 이데아」가
지금도 낯설지 않은 이유는?

판옵티콘 시스템으로 분석하는 교실 속 교사와 학생 간 권력 구조

지금도 공감하는 30년 전 노래 「교실 이데아」

1994년 4월은 그룹 '서태지와 아이들'이 대한민국 가요계를 휩쓸던 시기다. 종종 사회 비판적인 노래를 발표하던 이 그룹은 「교실 이데아」라는 새로운 곡을 발표했다. 당시에는 생소했던 강렬한 펑크록 스타일의 구성도 구성이었지만, 곡의 구성보다 가사가 훨씬 더 강렬했기에 정부에서 한때나마 금지곡 지정 여부를 논의할 정도로 대한민국 내에서 나름의 이슈가 되었던 곡이다.

다 함께 이 노래를 들으면서 이야기를 이어나가면 좋겠지만 물리적으로 불가능하니 가사만 간단히 소개해 보겠다. 여건이 된다면 어떤 노래인지 직접 한 번 들어보는 것을 추천한다.

매일 아침 일곱 시 삼십 분까지
우릴 조그만 교실로 몰아넣고
전국 구백만의 아이들의 머릿속에
모두 똑같은 것만 집어넣고 있어

막힌 꽉 막힌 사방이 막힌

널 그리고 우릴 덥석

모두를 먹어 삼킨

이 시꺼먼 교실에서만

내 젊음을 보내기는 너무 아까워

좀 더 비싼 너로 만들어주겠어

네 옆에 앉아 있는 그 애보다 더

하나씩 머리를 밟고 올라서도록 해

좀 더 잘난 네가 될 수가 있어

왜 바꾸지 않고 마음을 조이며 젊은 날을 헤맬까

바꾸지 않고 남이 바꾸길

바라고만 있을까

됐어 이젠 됐어

이제 그런 가르침은 됐어

그걸로 족해 이젠 족해

내 사투로 내가 늘어놓을래

국민학교에서 중학교로 들어가면

고등학교를 지나

우릴 포장센터로 넘겨

겉보기 좋은 널 만들기 위해

우릴 대학이란 포장지로

멋지게 싸 버리지

이젠 생각해봐 '대학' 본 얼굴은 가린 채

근엄한 척할 시대가 지나 버린 건

좀 더 솔직해 봐 넌 알 수 있어

(후략)

　당대 최고의 가수가 불렀던 노래치고는 꽤 사회 참여적인 곡이다. 사실 이 노래가 발표된 시기엔 글쓴이 역시 유치원생이었던 시기라 발매 시기에 이 노래가 얼마나 강한 파괴력을 보여 줬는지 직접 느끼진 못했다. 다만 가족들이나 주변 선배들의 증언을 통해 간접적으로나마 그 당시의 사회 반응을 유추해 볼 뿐이지만, 우리가 상상하는 수준 이상으로 당시 사회를 들었다 났다 했던 것은 분명한 사실이다.

　그런데 신기한 것이 있다. 이 노래가 발표된 것은 1994년이었고 글쓴이가 고등학교 1학년이었던 시기는 2004년이었으며, 교편을 처음 잡았던 시기는 2015년이었고 이야기를 꺼내고 있는 지금은 2022년이다. 약 30년의 시간적 차이가 있지만 노래 가사는 전혀 낯설게 느껴지지 않는다. 국민학교의 명칭이 초등학교로 바뀌고 등교 시간이 7시 30분에서 9시 정도로 바뀌었고, 학교를 다니는 900만 아이들의 수는 약 절반 수준인 400만 명대로 줄어들었지만 노랫말 속의 학교 모습만큼은 분명 하나도 변화하지 않았다. 「교실 이데아」라는 곡이 당장 어제 발표되었다고 이야기해도 믿을 수 있을 정도다. 아마 지금 한국에서 학교를 다니고 있거나 한국 학교를 다녔던 사람이라면 대부분 이러한 느낌을 받았을 것이다.

미디어에서는 학교를 어떻게 묘사할까?

1994년 노래는 너무 옛날이야기로 다가올 수도 있을 것 같으니 좀 더 최근(?)의 미디어에서 등장한 학교 이야기를 살펴보자.

먼저 소개하고 싶은 작품은 KBS에서 2013년에 방영한 「학교 2013」이다. 장나라 씨와 강다니엘 씨가 극 중 기간제 국어교사로 출연했고, 이종석 씨와 김우빈 씨가 본격적으로 브라운관에 데뷔한 드라마였다. 극에서는 성적을 두고 펼쳐지는 학생·교사·학부모 간 갈등 구조와 함께 정교사–기간제교사로 대표되는 교직원 간의 권력 구조, 부와 권력, 성적 등을 통해 만들어진 학생 간 권력 구조를 유쾌하면서도 때론 답답하고 슬프게 표현해 사회적으로 큰 관심을 받았던 작품이다. 글쓴이에게도 이 작품은 교직에 들어서야겠다는 마음을 다시 굳히게 해 주었던 작품이다. 지금도 학교생활이 힘들 때 한 번쯤은 찾아보곤 한다.

좀 더 최근의 미디어 작품으로는 「스카이 캐슬」과 「블랙독」 정도의 작품이 생각난다. 「스카이 캐슬」의 경우 작중 입시 코디네이터로 나온 김서형 씨와 아이를 명문대 의대에 보내겠다는 의지로 가득 차 목표 달성에서 수단과 방법을 가리지 않는 학부모 염정아 씨의 대립선이 매력적인 드라마였다. 드라마 자체는 스릴러 성향이 가깝긴 했지만, 경쟁에서의 승리로 내몰리는 우리 사회 학생들이 처한 현실을 여과 없이 보여주는 것 같아 쓸쓸하고 찝찝한 느낌이 드는 드라마였던 기억이 난다.

「블랙독」은 작중 사립학교 기간제 교사로 입사한 서현진 씨가 기간제 교사로서 학교에서 겪은 여러 에피소드를 옴니버스 형식으로 그려 낸 드라마였다. 드라마 작가가 고등학교 국어과 기간제 교사로 근무한 경험이 있어서 그런지 묘사 하나하나가 너무나도 사실적이었던 기억이 난다. 기간제 교사로 근무한 경험이 있는 사람들은 드라마를 보는 내내 근무 당시의 힘들었던 경험을 떠올리게 만드는 불편한 드라마라는 이야기를 할 정도로, 매력적이었지만 마음 한구석을 아프게 하는 드라마였다.

비교적 최근 방영된 학교나 교육을 주제로 한 드라마 이야기를 꺼내 보았다. 과거부터 현재까지, 매체는 학교의 모습을 다양한 작품을 통해 묘사해 왔다. 여러 콘텐츠 속 학교 이야기를 꺼내 보았으니 지금부터는 교실 속에서 찾아볼 수 있는 특별한 권력 구조에 대한 이야기를 본격적으로 살펴보자.

교실 속 교사와 학생 간 권력 구조는 왜 불평등한 모습을 보일까?

대중 매체에 등장하는 학교 속 인물들을 보면 몇 가지 정형화된 틀이 있다. 우선 학생인 등장인물들은 모두 나름의 개성이 있다. 팔방미인인 학생, 공부는 못하지만 착한 학생, 가난하지만 완벽한 생활상과 함께 머리까지 좋은 학생, 문제아처럼 보이지만 실은 상당히 마음이 올곧은 학생 등 현실에서 볼 수 있는 다양한 유형의 학생들이 등장한다.

반면 교사의 경우 학생에 비해 다양한 모습으로 묘사되지 않는 모습을 보인다. 구세대의 구태의연한 모습을 보이는 캐릭터 한 명쯤은 기본적으로 등장하고, 학교의 부조리함을 온몸으로 받아 내면서 저항하는 교사가 또 등장한다. 대개 이런 부조리에 저항하는 교사의 수는 상당히 적은 것으로 묘사된다. 실제 학교 내에서나 미디어 속에서도 학교 내 부조리함에 정면으로 저항하거나 학교가 급격히 변화하는 것을 원하는 교사는 극히 일부다.

왜 그럴까? 교사 지망생들 대부분이 중산층 출신이라 변화를 원하지 않는다는 분석과 교사 직업군 자체가 보수적인 특성이 강하다는 분석 등여러 접근이 가능하다. 하지만 이번에는 교실 속 권력 구조를 중심으로 살펴보고자 한다.

전통적인 교실 구조는 지식을 전수하는 성인인 교사 한 명이 다수의 학생과 함께 상호작용하는 공간으로서의 특징을 가지고 있다. 어른과 아이라는 불평등한 관계와 지식을 전수하는 사람과 전수 받는 사람의 불평등한 관계라는 이중적 불평등이 얽혀 있는 공간인 셈이다. 학교에서 강하게드러나는 상급자와 하급자 간의 불평등한 관계는 사회에서 어렸을 때부터 사회적으로 재생산된다. 유치원에서 초등학교로, 다시 중학교에서 고등학교로, 이후 대학에서 사회나 직장까지 나이에 기반한 유교적 위계질서를 중시하는 우리나라는 어릴 때부터 교사–학생 간 관계를 불평등한 위계에 기반한 관계로 만들어 왔다. 불평등한 관계 속 의사소통 구조는 불평등한 위계를 형성한다. 이러한 위계서열 구조는 학교를 넘어 사회전체에서 재생산된다.

학벌이 신분을 결정짓는 주요 요소로 자리 잡은 우리나라에서 교육 평가자인 교사가 교실 내에서 가지는 영향력은 상상 이상으로 강력하다. 교사의 평가에 대해 학생들이 큰 의미를 두지 않는다면 모르겠지만 현실적으로 그러긴 쉽지 않다. 특히 수시 위주의 입시 시스템이 자리 잡은 이후에는 평가자인 교사 위주의 교실 속 의사결정 구조가 자리 잡는 경향이 더욱 심해지고 있다.

불평등한 권력 구조 자체가 문제가 되는 것은 아니다. 다수인 학생을 지도하고 보호하며, 동시에 학생 평가와 생활 지도 및 통제를 한 사람이 동시에 해내야 하는, 그러면서도 최종적으로는 미성년 학생이 처할 수 있는 각종 위험으로부터 학생을 보호해야 하는 의무를 지는 교사에게는 어느 정도의 강제력이 보장되어야 한다. 교육 현장 속 교사와 학생 간 권력 구조가 완벽하게 평등한 모습이라면 그 역시 새로운 문제의 원인이 될 수 있다.

하지만 이와 별개로 교사와 학생 간 불평등한 권력 관계가 만들어 낸 문제점이 우리 사회를 살아가는 40대, 30대, 20대, 10대의 기억 속에 유사한 모습으로 남아 있다면 이는 권력 관계가 정상 범주를 넘어섰다는 증거가 될 수 있다. 이러나저러나 학교라는 공간은 미래를 위해 자원을 아낌없이 투자하고 미래를 위해 현재의 자원을 소비하기만 하는 소비집단의 성격을 가지고 있다. 미래를 위해 자원을 투자하는 집단이라면 과거에 겪은 문제를 그 어떤 집단보다도 효과적으로 해결해야만 할 책임이 있다.

하지만 우리가 알고 있는 것처럼 학교는 상당히 보수적인 공간이다. 그리고 학교 속 교사 집단은 지금도 사회가 교육이라는 사회적 행위에 부여한 특권에 가까운 권력을 내려놓기 어려워한다. 좀 더 정확하게는 지금 가진 권력마저 내려놓으면 학교라는 사회 시스템이 붕괴하리라 생각하며 이를 두려워한다. 학교 속 권력 구조를 바라보는 교사 집단에 대한 이야기를 하기에 앞서, 교실 속 미묘한 권력 관계에 대해 먼저 나누어 보자.

과거와 달라지고 있는 교실 속 권력 구조

전통적인 교실 속 권력 구조는 교사에게 기울어진 불평등한 구조인 것이 사실이다. 하지만 최근의 교실 속 권력 관계는 과거와는 또 다른 모습을 보인다.

수년에 걸친 학교현장의 노력을 통해 학생들은 분명 빠른 속도로, 과거와는 다르게 학교 운영의 중심으로 들어오고 있다. 아쉽게도 제도 변화에 비해 실제 문화는 그 속도를 따라가지 못하는 것은 사실이다. 이를 두고 일부 사람들은 "학교는 변화하는 척하지만, 실제로 바뀐 것은 하나도 없다"라고 비판하는 경우도 있지만, 학교현장이 과거에 비해 학생의 의견을 존중하는 모습으로 변화하고 있는 것은 분명하다.

이러한 변화가 일어난 이유는 무엇일까? 학생을 미성숙한 존재라거나 훈육의 대상으로 인식하던 과거와 달리 지금은 학생을 성인과 동등한 인권의 주체로 바라보는 시각이 학교에 폭넓게 자리 잡았기 때문이다. 과거 학교에서 교사의 교권을 강조했다면 지금은 학생 인권이라는 학생의 권리를 강조하는 추세가 자리 잡고 있다.

최근에는 교권과 학생 인권이라는 두 요소 모두 '권리'의 성격이 강조되다 보니 서로 충돌하는 경향이 강하다. 학교를 구성하는 주요한 두 주체인 교사와 학생이 서로 자신의 권리가 무엇인지를 인식하고 주장한다는 것은 학교 공간 내에서 분명 과거에 비해 자신의 의견을 적극적으로 주장할 수 있는 긍정적인 변화가 일어나고 있다고 평가할 수 있다. 최근 학교 내에서 두드러지게 나타나는 갈등 요소는 교권과 학생 인권이 모두 강조되는 과정에서 나타난 새로운 현상의 성격이 강하다.

교권이란 전문직으로서의 교직에 종사하는 교원의 권리를 의미한다. 교원의 권위로 사용되기도 한다. 넓은 의미의 교권은 교육권을 의미하는데, 이것은 교육을 받을 권리와 교육을 할 권리를 포괄한다. 즉 교육권으로서의 교권에는 학생의 학습권, 학부모의 교육권, 교사의 교육권, 학교 설립자의 교육 관리권 그리고 국가의 교육 감독권이 모두 포함된다.

서울대교육연구소, "교권", 『교육학용어사전』, 하우, 1995.

「학생 인권 조례」란 학교 교육과정에서 학생의 인권이 보장될 수 있도록 전국 16개 시·도 교육청별로 제정·공포해 시행하는 조례를 말한다.

「학생 인권 조례」는 각 시도 교육청별로 약간씩 차이는 있으나 일반적으로 차별받지 않을 권리, 표현의 자유, 교육복지에 관한 권리, 양심과 종교의 자유 등의 내용을 담고 있다. 이는 「헌법」 「교육기본법」 「초중등교육법」 「유엔아동권리협약」에 근거해 모든 학생이 인간으로서의 존엄과 가치를 실현할 수 있게 하는 것을 목적으로 한다. 이 가운데 「유엔아동권리협약」은 아동의 생존·발달·보호·참여에 관한 기본 권리를 명시한 협약으로 18세 미만 아동의 생명권, 의사표시권, 고문 및 형벌 금지, 불법 해외 이송 및 성적 학대 금지 등 각종 '아동기본권'의 보장을 규정하고 있다.

pmg 지식엔진연구소, "학생 인권 조례", 『시사상식사전』, 박문각, 2008.

교실에는 교사의 '교권'과 학생의 '학생 인권'만으로는 설명하기 어려운 또 다른 미묘한 권력 관계가 숨어 있다. 지금부터는 교사와 학생이라는 사회적 지위 간 권력 구조와 교실 속에서 사람과 사람이 만들어 내는 권력 구조에 대해 살펴보도록 하자. 교실 속 권력 관계는 권력 분립, 상호 견제 등이 이루어지지 않는다는 점에서 굉장히 특이한 모습을 보인다. 또 권력의 원천이 법적·제도적 측면에 의하지 않는다는 점에서도 사회 속 권력 구조와는 분명 다른 모습을 보인다.

교사의 교권과 학생의 학생 인권은 표면적으로 권력의 형태로 분류되지 않는다. 그러다 보니 학교는 서로를 견제할 수 있는 장치를 만들어 두지 않았다. 학교 내에는 타인의 행동을 강제할 수 있는 권력이라는 힘이 있지만, 그 힘의 존재를 인정하지 않다 보니 과거부터 현재까지 학교 내에서는 계속해서 갈등 구조가 만들어지고 있는 셈이다.

기본적으로 권력은 계속해서 자신을 확장하고 그 힘을 더욱 강하게 만들려 하며, 또한 그 힘이 영원히 지속하기를 바라는 성향을 가지고 있다. 이를 정치학에서는 권력의 확장성, 지속성, 절대성이라고 한다. 과거부터 현재까지 권력이 가진 이러한 특징들은 여러 사회적 문제들을 만들어 냈고 인류는 권력의 폭주를 제한하기 위한 여러 도구를 개발해 냈다.

그중 대표적인 것이 바로 '권력 분립'이다. 권력 분립은 권력 보유자에 대한 견제가 가능하도록 함으로써 특정 개인이나 집단의 힘이 필요 이상으로 강해지거나 독단적으로 움직일 가능성 자체를 차단해 두는 일종의 장치다.

권력 분립의 관점에서 교실 속 권력 구조를 살펴보면 몇 가지 신기한 점이 있다. 우선 겉으로 드러나는 교실 속 권력 구조는 분명 교사가 권력을 보유한, 교사에게 기울어져 있는 권력 구조가 자리 잡은 것으로 보인다. 과거에 학교를 다닌 경험이 있다면 교사가 권력을 보유한 권력 구조 속에서 힘들게(?) 학교생활을 했던 기억이 있을 것이다. 군사부일체(君師父一體)라는 사자성어를 군이 이야기하지 않더라도 과거 학교 속 교사의 사회적 지위는 '사회 모두의 인정' 위에서 만들어진 꽤 단단한 지위의 모습을 보였다. '그림자도 함부로 밟으면 안 되는' 정도였으니 말이다.

사실 지금도 학교 내에서 교사에게 인정되는 사회적 지위는 꽤 견고한 것이 사실이다. 교사에게 특별한 사회적 지위가 인정된다는 것은 현재에도 많은 교사들이 현장에서 교육을 위해 헌신하고 있다는 증거이기도 하겠지만, 동시에 우리 사회에서 교육이 얼마나 성역화되어 있는지, 그리고 우리 사회가 얼마나 교육에 큰 의미를 부여하고 중요시하는지를 알 수 있는 증거이기도 하다.

그런데 또 은근히 대 놓고 교사들은 학교 내에서 무기력함을 느끼는 경우가 많다. 왜 이런 이중적인 현상이 발생할까? 교사의 사회적 지위는 교육에 대한 사회적 의미 부여, 대학 등 상급 학교 진학에 대한 영향력, 학교를 대체할 수 있는 지식 전수 기관의 유무 등 사회적 여건에 의해 강화되기도, 약화되기도 하기 때문이다. 만약 교실 속에서 교사와 학생이 교육적 가치에 대해 공감대를 형성하지 못하거나 혹은 학교의 가치에 대해 인정하지 않는다면 교사와 학생 간의 갈등은 극에 달할 수밖에 없다. 이는 교사 권위의 원천인 교권과 학생 권리의 원천인 학생 인권 모두 법적 강제력보다 관습에 의존하는 개념이기 때문이다.

학생과 교사 간 갈등을 표현하는 대표적인 사회 현상인 교실 붕괴 상황을 살펴보자. 갈등의 형태는 대부분 교실 속 구성원인 교사와 학생 간 교권에 대해 부여하는 사회적 가치에 대한 해석이 일치하지 않는 부분에서 출발한다. 대부분의 갈등 상황에서 교사는 교권을 존중받길 원하고 학생은 교권을 존중해야 할 가치를 느끼지 않는 모습을 보인다. 이 상황에서 그 누구도 교사에게 교권을 포기할 것을 요구할 수도, 학생에게 교권을 인정할 것을 강제할 수도 없다. 교사와 학생이 학교 공간 내에서 충돌하는 순간 대부분 학교는 교육의 권위를 통한 문제 해결을 포기하고 공식적인 법 규범에 기대는 모습을 보인다. 사회적 권위에 의존해 '교육적'으로 문제를 해결하던 학교의 모습은 점차 사라지고 있다.

교권과 교육적 가치에 대한 합의가 사라진 책임이 누구에게 있는지에 대한 논쟁은 잠시 제쳐 두자. 분명한 것은 교육적 가치에 대한 합의가 이루어지지 않으면 교사와 학생 간 충돌이 계속해서 일어날 것이란 점이다. 교실 속 교사와 학생의 갈등은 기본적으로 교사―학생 사이의 권력 구조에서 출발하며, 이는 교실 구성원 간의 권위에 대한 주관적 인식의 차이에서 출발한다. 교사의 교육 활동이 학생에게 의미를 가진다면 양 측의 신뢰가 만들어 낸 권위로 인하여 서로 갈등이 일어나지 않겠지만, 교사의 교육이 학생에게 의미를 가져오지 못한다면 학생에게 교사는 처음 보는 아저씨만도 못한 꼰대로 다가올 뿐일 것이다.

이쯤 되면 학교의 평화를 위해 교실 속 권력 구조는 교사에게 유리하게 편성되어야 하며, 교사의 권력은 절대적이고 숭고하게 여겨져야 하는 것 아닌가 하는 생각이 들 수도 있다. 머릿속에 구체적인 결론이 자리 잡기 전에 관점을 약간 바꾸어 이야기를 이어나가 보자.

앞에서 권력 분립이 권력 구조상 꼭 필요하며 교사의 교실 속 권력은 교육적 가치에 대한 사회적 인정을 통해 만들어지는 주관적 인식의 결과물이라는 이야기를 했다. 그럼 학생의 권력—사실 권력이라고 하기에는 너무나도 미미하지만—은 어디에서 나온 것일까? 교사의 권력이 교육적 가치에 대한 사회적 인정에서 만들어졌다면 표면적으로 학생의 권리는 '배움'을 추구할 권리에서 도출된 '학습권'에서 만들어진 것이다. 학습권은 헌법과 법률 또는 법에 우선하는 자연권, 정의 등을 통해 인정받는 기본권의 성격이 강하다.

하지만 학습권이라는 추상적 권리만으로 학생의 권리를 분석하기에는 해결되지 않는 질문이 있다. 교사의 권력은 교육에 대한 도덕적 인식과 가치 부여를 통해 만들어지며 동시에 학생의 권력은 학습권이라는 법적 권리를 통해 만들어진다면 교사와 학생이 굳이 서로의 권력을 두고 교실 속에서 대립할 필요가 있을까? 현재 학교에서 대부분 교사는 조금이라도 더 좋은 수업을 만들기 위해 노력하고 있으며, 학생들 역시 자신들을 위해 교육을 제공해 주는 교사를 굳이 대상으로 정의하고 대립할 필요는 없을 것이기 때문이다.

학교의 딜레마는 여기에서 출발한다. 교사의 권력은 강력한 법적 근거를 통해 도출되기보다는 사회의 심리적·문화적 상식을 전제로 한 사회적 인정과 공감 등에서 도출된다. 그럼 교육에 대한 가치를 인정하지 않는 경우라면 어떻게 될까? 학교에서 교사가 기대는 권력과 권위의 원천 자체가 붕괴될 것이다. 현재 대한민국에서 쉽게 찾아볼 수 있는 교실 붕괴 상황 속에는 이러한 교육적 가치에 대한 학생과 교사의 공감 상실에서 출발하는 경우가 많다.

교육의 가치에 대해 공감하지 않거나 교육 자체가 필요하지 않다고 느끼고 있는 학생이 많은 상황에서 교사의 권력은 당연히 공백기를 맞을 것이다. 이 경우 교사와 학생 간 권력의 공백은 새로운 혼란을 만들어 내리라는 것은 누구나 예측할 수 있다. 교실 붕괴의 본질은 교사나 학생이 가진 권리나 권력을 부정하는 것이 문제가 아닌, 교육적 가치에 대한 공감대 부족에서 출발한다고 보는 것이 합당하다.

미셸 푸코(Michel Foucault)는 프랑스의 철학자다. 푸코는 보통 사회 제도에 대한 비판, 특히 정신의학, 의학, 감옥 제도와 성의 역사에 관한 견해와 연구로 알려져 있으며, 또한 일반적으로 권력, 그리고 권력과 지식 사이의 복잡한 관계에 관한 이론으로도 유명하다.

교실에서 교사가
제왕이 될 수 있는 이유는?

권력 간의 견제 구조는 기본적으로 평등하거나 평등하지는 않아도 비슷할 수 있는 권력의 분포를 전제로 구성된다. 하지만 교실 속에서 교사와 학생 간 관계는 평등한 권력 구조가 성립하기 힘들다. 교사의 권력이 사회적 인정에서 도출되는 주관적 성격이 강한 것은 사실이지만 학생들에겐 교사 중심의 권력 구조가 너무나 거대하게 다가오는 것이 현실이다. 거기에 판옵티콘(panopticon)의 시스템을 가지고 있는 교실 내에서 교사는 특권적인 권력을 보유할 수밖에 없다.

또 학생들은 입시를 위해서도 학교 교육을 포기할 수 없다. 학교 교육 중심의 대학 입시 제도 속에서 학생들은 입시 성공을 위해 교사 중심의 교실 속 권력 구조에 순응해야 한다. 교사가 철저한 자기비판과 반성을 매번 이어가지 않는 한, 교실 속에서는 교사가 곧 법이고 제왕이 되는 구조가 탄생할 수밖에 없는 셈이다.

판옵티콘

판옵티콘은 프랑스의 철학자 미셸 푸코(Michel Foucault)가 컴퓨터 통신망과 데이터베이스를 개인의 사생활을 감시 또는 침해하는 대상으로 비유하여 사용한 말이다. 판옵티콘은 1791년 영국 철학자 제레미 벤담(Jeremy Bentham)이 제안한 개념으로 학교·공장·병원·감옥 등에서 한 사람에 의한 감시체계를 뜻한다. 미셸 푸코는 개인의 일거수일투족에 관한 모든 자료가 저장되는 데이터베이스가 마치 판옵티콘이 죄수들을 감시하듯이 출산에서 죽음에 이르기까지 대중을 통제하고 관리하는 전체주의적 권력의 도구로 잘못 사용될 수도 있다고 지적했다. 즉 판옵티콘은 정보기술로 구축된 감시체계의 결정판이라는 것이다.

"판옵티콘", 매일경제용어사전, mk.co.kr/dic/desc.php?keyword=%C6%C7%BF%C9%C6%BC%C4%DC&page=0&so=all&from=&to=

교실과 판옵티콘

판옵티콘의 핵심 원리는 감시와 효율성의 연결이다. 근대성의 핵심이 인간의 합리성을 최대한 실현하려는 노력이라면 판옵티콘은 감시에 투입되는 자원을 최대한 효율적으로 활용하는 것, 나아가서는 최소한의 자원 투입으로 최대한의 감시 효율을 이끌어 내는 사회 시스템 전반을 대표하는 개념으로 해석할 수도 있다.

현대 대한민국에서 찾아볼 수 있는 교실 시스템 역시 판옵티콘의 형태를 띠고 있다. 우선 학교는 소수(1인)의 교사가 다수의 학생을 통제하는 형태로 구성되어 있다. 판옵티콘에서 통제하는 간수가 통제 대상인 죄수보다 물리적으로 높은 장소에 위치하듯이 교실 역시 학생은 책상에 앉아 있고, 교사는 이들 모두를 바라볼 수 있는 자리인 교탁 앞에 섬으로써 학생들의 일거수일투족을 관찰할 수 있도록 하고 있다. 이러한 구조는 수업 간 교사의 허락 없이 학생들이 자세를 바꿀 수 없도록 통제함으로써 구조화된다.

또 통제에 필요한 정보 관리의 효율성을 달성하기 위해 학교는 학생에게 일련번호를 부여하는 방식을 사용한다. 아무리 많은 학생이 있더라도 이들은 각기 부여된 출석번호에 의해 1번 학생, 2번 학생 등 숫자 호칭으로 재정의되고 학생들은 지정된 좌석에 앉아야만 하는 교실 규칙의 적용을 받는다. 이러한 규칙은 교사가 학생의 세부 정보(이름, 외모, 성별, 성격, 성적, 취미 등)를 몰라도 언제든 학생을 구분할 수 있고, 필요할 경우 학생을 통제할 수 있도록 구조화한다. 학생들은 이 시스템에 의해 언제든 자신이 감시당할 수 있다는 점을 인지하게 되고 자기 자신이 규칙을 어기고 있는 것은 아닌지 자기 검열하도록 만든다. 결과적으로 판옵티콘과 유사한 학교의 학생 관리 시스템은 학교의 효율적인 학생 관리가 가능하도록 기능한다.

사회적 차원에서 학교의 학생 관리 시스템은 직장, 대학, 군대 등 학생들이 학교 졸업 후 진출해야 할 사회 집단에도 동일하게 적용되고 있다. 이를 통해 학교는 사회 전반에 퍼져 있는 판옵티콘 시스템을 규격화하고 보급하는 예비 기관으로서의 역할을 수행하고 있다고 평가할 수도 있다.

교실이 평등한 관계를 지향하는 공간으로 변화하려면?

앞에서 교실 속 권력 구조가 교사를 중심으로 매우 불평등하게 구성되어 있다는 이야기를 했다. 그렇다면 교실 속에서 이러한 불평등한 권력 구조가 만들어진 이유는 무엇일까? 사회 현상을 바라보는 사회학의 세 가지 관점인 기능론과 갈등론 그리고 상징적 상호작용론적 관점을 활용해 교실 속 불평등 양상을 살펴보자.

먼저 기능론적 관점이다. 기능론적 관점은 기본적으로 교육 활동이 현재 사회에서 공유되고 있는 가치를 사회화하고 구성원을 결속시키는 기능을 수행한다고 생각한다. 기능론적 관점은 산업화 이후 사회에서 귀속 지위에 비해 능력을 통해 획득한 성취 지위의 영향력이 커짐에 따라 학교는 능력 중심의 원칙으로 운영되는 사회의 규칙을 미리 접하는 예비 기관으로서의 기능을 수행한다.

이러한 기능을 수행하는 학교에서 교사는 지식과 사회적 가치를 전달하는 핵심적인 역할을 수행함과 동시에 능력 중심주의를 유지시키는 평가 주체로서 학교에 존재하게 된다. 기능주의를 대표하는 사회학자 탤컷 파슨스(Talcott Parsons)는 교육이 개인에게 기술과 지식을 가르치는 행위라면 학교는 아이들에게 기술과 지식 외에도 도덕 등 사회를 통합할 수 있는 가치를 가르쳐야 한다고 이야기했다. 만약 이 말이 맞다면 사회 유지의 핵심적 역할을 담당하는 학교에서 교육을 실시하는 교사가 학교 내에서 특별한 지위를 가지는 것은 당연하다고 볼 수 있다.

반면 갈등론적 관점은 사회가 기본적으

탤컷 파슨스(Talcott Parsons)는 미국의 이론사회학자로 사회행동의 일반이론을 전개했다. 특히 패턴 변수(pattern variables)를 중심으로 한 사회체계론으로 알려졌다. 저서에 『사회적 행위의 구조』 등이 있다. 현학적이긴 하나 사회행동의 일반이론을 전개하였는데, 특히 F.퇴니에스의 게마인샤프트와 게젤샤프트의 대립개념 분석으로부터 출발한 패턴 변수를 중심으로 한 사회체계론은 유명하다.

로 불평등한 공간이며 교육은 불평등을 유지하는 역할을 수행한다고 해석한다. 갈등론자들은 교육이 불평등을 유지하기 위해 불평등을 사회의 주류 가치로 설정한 뒤 학교 교육을 통해 이 가치를 은연중 재생산하기도 하고, 현재의 지배 계층에 유리한 학교 교육 및 평가 제도를 만들어 계층 구조를 구조적으로 유지하기도 한다고 이야기한다. 이러한 구조 속에서 학교는 불평등한 사회 구조를 유지하는 핵심적인 기관이며 교사는 불평등을 유지하는 주체가 된다.

근대적 학교 교육이 한 명의 교사가 다수의 학생을 감시하고 통제하는 판옵티콘 구조로 되어 있고, 이는 컨베이어식 생산라인에서 작업 관리자가 노동자들을 관리하는 구조를 사전 교육하는 형태에 지나지 않는다는 분석 역시 갈등론적 관점의 연장선으로 평가할 수 있다. 학교가 불평등을 구조적으로 재생산하는 공간이라면 교사가 교실 속에서 특권적인 지위를 보유하는 것 역시 당연한 현상이 된다. 학생들은 사회에 나가기 전 불평등과 지배-피지배 구조를 미리 학습해야 할 필요가 있는데, 그 학습을 담당하는 주체가 바로 교사라는 것이 갈등론자들의 주장이다.

마지막으로 살펴보는 상징적 상호작용론적 관점에서는 교실 속에서 일어나는 교사-학생 간 관계가 상호 간의 주관적 인식과 의미 부여의 결과라고 생각한다. 교사와 학생 간의 관계 인식 결과가 권위적인 교사, 평등을 추구하는 교사 등을 정의한다는 것이다. 상징적 상호작용론적 관점에서는 교실 속 불평등 현상이 좁게는 교사와 학생 간의 관계 정의, 넓게는 교육에 대한 시대별 상황 정의에 따라 변화하는 모습을 보인다고 분석한다. 상징적 상호작용론적 관점에 따르면 과거 엄격한 교사-학생 간 상하 관계를 요구했던 학교 공간이 점차 교사-학생 간 평등한 관계를 지향하는 공간으로 변화한 것은 사회 구성원 간 엄격한 상명하복과 통제의 관계를 더 이상 요구하지 않는 사회의 시각과 상황 해석이 반영된 결과라고 볼 수 있다.

교실 속 평등을 만들기 위해

긴 호흡으로 교실 속 권력 구조에 대해 살펴보았다. 우리 사회에서 학교 교육은 사회화를 위해서도 계층 이동의 통로 측면에서도 중요하지만, 무엇보다도 본격적인 사회인이 되기 위해 미리 사회를 겪어 보는 기회를 제공한다는 점에서 상당한 중요성을 가진다. 우리가 교실 속 교사 중심의 권력 구조를 무비판적으로 받아들이고 그 구조를 앞으로도 계속 물려 준다면, 그리고 그 구조가 계속해서 학교 내에 남아 있게 된다면 우리는 우리가 겪어 온 불평등하거나 정당하지 않다고 느낀 권력 구조 속에서 미래를 만들어갈 수밖에 없다.

무조건적인 경쟁과 이익을 무기로 상대방을 권력 앞에 복종시키고 그 구조가 사회 속에서 재생산되는 현실을 극복하기 위해 우리가 할 수 있는 일, 학교 속의 기울어진 교사와 학생 간 권력 구조를 비판적으로 바라보고 다시 한 번 생각해 보는 과정이 첫걸음일 것이다.

12장

소수들이 따돌림받는 학교 공간 이야기

왕따 현상과 다문화의 진전, 새로운 균열 구조

왕따는 어떻게 자리를 잡았을까?

1990년대는 학교에서 체벌이 공공연하게 허용되고 사회 속에서 폭력이 문화적으로 용인되던 시기였다. 당시 학교에서는 누구나 알고 있지만, 누구에게도 알리기 싫은 새로운 폭력의 형태가 싹을 틔우고 있었다. 모두가 점차 사라질 것이라고, 혹은 사라지길 바랐던 이 새로운 폭력은 강한 생명력을 가지고 우리 사회 곳곳에 스며들기 시작했고, 지금도 어느 사회에서나 볼 수 있는 보편적이면서도 씁쓸한 사회 현상이 되어 버렸다.

'왕따' 현상에 대한 대책이 시급하다

왕따라는 은어가 등장할 만큼 교육 현장에서 빚어지고 있는 심각한 따돌림 현상. 학급 친구들의 따돌림은 청소년을 죽음으로 몰고 갈 만큼 정신적으로 치명적인 상처를 준다.
요즘 들어 극심해진 청소년 사이의 따돌림 현상은 어디에서 비롯되는 것일까? 한창 정의감에 불타야 할 청소년들이 친구를 괴롭히는 것을 즐기는 이런 잔혹함은 어떻게 설명해야 할까? 친구들의 따돌림을 견디다 못해 초등학생이 자살하는 사건들이 벌어지면서 교육 현장의 따돌림에 대해 학교와 사회가 적극적인 관심을 두고 대책을 마련토록 해야 한다는 소리가 커지고 있다.

전문가들은 이런 따돌림 현상은 경쟁을 부추기는 교육환경, 자신만 아는 극심한 이기주의 세태, 목적을 위해 수단을 정당화하는 사회 구조, 어려서부터 방송과 비디오 등을 통한 폭력 장면에의 과다노출, 부모와의 비정상적 관계 등이 복합적으로 작용한다고 설명하고 있다. 한림의대 강동성심병원 소아청소년정신과 申智容 교수는 "오늘날 청소년 사회의 따돌림 현상은 상상의 도를 넘어설 정도"라면서 "우리도 외국처럼 학교장과 양호교사, 교사대표, 정신과 전문의 등으로 구성된 자문제도를 도입해 이런 병적 현상을 치유해 나가도록 해야 한다"고 말했다. 예전에는 이런 따돌림은 주로 신체적·정서적으로 취약점을 갖는 학생을 대상으로 했으나 요즘에는 아무런 문제가 없는 모범생에까지 손을 뻗치는 등 대상을 가리지 않는 무차별적 경향을 보이고 있다는 것.

(...중략...)

충남도 교육청이 최근 일선 교사들의 경험과 일본의 자료 등을 바탕으로 동료 학생들로부터 집단 괴롭힘을 당하는 이른바 '왕따' 학생들의 행동특성을 분석한 결과 ▲안색이 나쁘고 기운이 없어 보이며 ▲친구의 심부름을 잘하고 ▲'못난 놈' '멍청이' 등의 말을 들어도 반항하지 않고 아부하듯 웃으며 ▲결석과 지각이 잦는 등의 공통점을 보인다는 것. 또 집에서는 하교 후 피곤한 듯 주저앉거나 학용품 등 소지품이 자주 없어지고 집에서 돈을 몰래 가져가거나 손발에 작은 상처를 입고 있으며 노트나 가방에 낙서가 많고 초조한 기색을 보이는 경우가 많다는 것이다. 이런 '왕따'가 되지 않으려면 아이에게 칭찬 등을 통해 자긍심을 길러주도록 하고 부모가 아이와 끈끈한 정서적 유대를 갖는 게 중요하다고 전문가들은 지적한다. 신 교수는 "가해 학생의 협박을 받을 때 아이가 부모에게 알리면 언제든지 도움을 받을 수 있다는 믿음을 가질 수 있도록 평소 아이와 부모가 친밀한 관계를 유지하는 게 중요하다"고 지적했다.

김영미, "'왕따' 현상에 대한 대책이 시급하다", 「연합뉴스」. 1998.12.01.
n.news.naver.com/mnews/article/001/0004350686?sid=102

약 25년 전인 1998년의 보도자료이지만 익숙하게 느껴질 것이다. 기사 속의 이 현상은 우리 곁에서 항상 일어나고 모두가 이 현상이 존재함을 잘 알고 있지만, 현상의 대상이 내가 되지 않기만을 강하게 바라는 그런 현상이다.

'왕따'라는 단어가 본격적으로 우리 사회에서 쓰였던 시기는 1990년대 중반 정도로 기억한다. 당시만 하더라도 매스컴에서는 왕따라는 단어 대신 따돌림을 뜻하는 일본어인 '이지메(苛め)'를 사용하면서 이 따돌림 현

상을 일본에서 건너온 악질적인 문화 현상이라고 보도했다. 당시만 하더라도 일본 문화에 대해 비판적인 여론이 형성되어 있었고, 올바르지 못한 일본 문화가 유입되는 과정에서 이지메, 즉 왕따 현상도 수입된 것이라는 주장이 기성세대 중심으로 통용되었다. 물론 학교에서 왕따를 자행한 학생들이 일본 문화를 통달하였거나, 일본의 이지메 문화를 동경한 나머지 한국에 이지메 문화를 이식했을 것이라고 상상하는 것은 말도 안 되는 이야기다. 일본의 이지메와 무관하게 우리 사회 내에 '왕따'라는 사회 현상은 이미 자리를 잡고 있었기 때문이다.

일본의 이지메 문화가 우리나라에 그대로 이식된 결과 왕따 현상이 발생했다는 주장은 설득력이 없다. 하지만 아무 이유 없이 우리 사회에서 독자적으로 왕따라는 사회 현상이 독버섯처럼 피어올랐다고 생각하는 것도 설득력이 없긴 매한가지다. 그보다는 일본이 우리나라보다 고도 산업화의 종착 단계에 먼저 접어드는 과정에서 왕따 현상이 먼저 자리를 잡았고, 이후 우리나라 역시 산업화 종착 단계에 접어드는 과정에서 왕따라는 현상이 자리를 잡고 또 점차 심화되며 사회 전반에 걸쳐 나타나게 되었다고 보아야 한다. 이 외에도 집단주의적 사고방식이 개인주의로 전환되는 과도기에서 왕따 현상이 자리를 잡았다는 분석도 존재한다. 결국 왕따는 공동체의 붕괴 과정에서 강하게 나타나는 사회 현상인 셈이다.

1990년대에 처음 매스컴에 얼굴을 드러낸 이 '왕따'라는 사회 현상은 30여 년이 지난 지금까지도 우리 사회에 남아 여러 영향력을 행사하고 있다. 이는 앞으로도 계속해서 진행될 것이다. 인정하고 싶지 않지만, 지금 우리 사회는 학교에서 왕따 현상을 직접 보고 자란 세대가 주축이 되고 있기 때문이다.

호혜성으로 살펴보기:
왕따 가해자는 왜 약자를 따돌리는가?

인류가 만든 최고의 발명품 중 하나가 사회라는 이야기가 있다. 유인원인 인간은 타 종에 비해 약한 신체적 능력을 타고났지만, 이를 지능과 사회적 능력 등으로 해결해 현재 지구상을 지배하는 대표적인 생물 종이 되었다.

인간은 생존을 위해 필수적으로 특정 사회에 속할 것을 요구받게 된다. 사회를 유지시키는 과정에서 인간에게 필수적으로 요구되는 능력 중 하나가 바로 호혜성(reciprocity)이다. 호혜성이란 서로 동일하거나 유사한 혜택을 서로 보장해 줌으로써 상호 간의 친밀하거나 의존적인 관계를 유지시키는 사회적 관계 형성의 기본 원리 중 하나다. 호혜성은 일방적 관계가 아닌 서로 주고받는 관계를 전제하는데, 상대가 나에게 준 만큼 돌려주지 않으면 호혜성에 기반한 의존 관계가 사라진다. 이는 이후에 나 또는 내가 속한 공동체가 상대에게 받을 수 있는 몫을 없애는 결과로 이어진다는 불안감을 만든다. 호혜적 사고방식에 따르면 상대방도 나도, 서로의 호의를 '먹튀'하는 선택은 사실상 불가능하다.

사람들이 사회를 지키기 위해 전쟁에 참여해야 하며 죽을 것이 확실시되는 상황을 상상해 보자. 특정인이 사망하더라도 남은 사회 구성원이 그 사람의 가족들에게 희생에 대해 보답할 것이라는 '호혜적 사고'를 신뢰한다면 사람들은 기꺼이 공동체를 위해 자신을 희생할 수 있게 된다. 과거 사람들은 '호혜적 사고'를 신뢰했기에 공동체를 위해 자신을 희생하는 것을 중요한 덕목으로 여겼고 사회 역시 특정인이나 특정 집단을 구조적으로 배제하지 않으려 노력했다. 또 개인의 특성보다는 공동체의 특성으로 개인을 정의하는 경우도 많았다. 호혜적 원리가 강하게 자리 잡는 사회일수록 공동체 중심의 가치관이 사회에 지배적으로 나타나는 경우가 많은데, 이는 호혜성이 구성원 간 신뢰를 기반으로 사회를 유지시키는 일반 원리임을 보여 준다.

그런데 과거와 달리 최근 우리 사회는 호혜성의 원칙이 개인이나 집단 간에 형성될 것이라 믿는 것이 점차 어려워지고 있다. 저명한 사회학자 에밀 뒤르켐의 표현을 빌리자면 동질성과 호혜적 원리를 통해 움직이던 기계적 연대에 기대어 움직이던 사회가 이질성과 극대화된 분업, 의무와 권리로 이루어진 일회성 계약의 원리를 바탕으로 움직이는 유기적 연대가 지배하는 사회로 변화하면서 사회 속 구성원의 개인주의화가 극대화된 것이 현대 사회의 모습이다. 유기적 연대가 지배적인 사회에서 호혜성을 바탕으로 한 상호 의존적 인간관계가 형성될 것이라고 기대하는 것은 점차 어려워지고 있다.

사회의 파편화?

분업에 기초한 사회 구조가 근대 사회의 핵심이라고 본 뒤르켐은 현대 사회 분업의 근원이 무엇인지를 이야기하기 위해 사회 구조에서 형성되는 연대의 유형을 구분했다.

기계적 연대는 분업이 발달하지 않은 전통 사회에서 나타나는 연대의 형태다. 기계적 연대가 강하게 나타나는 전통 사회에서는 구성원들이 동일 · 유사한 직종에 종사하므로 공통의 경험이나 믿음을 바탕으로 서로의 연대를 유지하는 모습을 보인다. 반면 유기적 연대는 분업이 발달한 산업 사회에서 나타나는 연대의 형태로 사람들은 서로 다른 직업을 가진 사람들이 서로 제공하는 재화와 용역을 필요로하므로 이에 따라 사회적 연대를 유지하는 모습을 보인다.

기계적 연대가 공감대에 기초해 결속된 단단한 연대의 성격을 띤다면 유기적 연대는 상호 간의 의존과 필요성에 의해 연결된 것이다. 따라서 기계적 연대가 유기적 연대로 대체되었다는 것은 사회적 연대의 원천이 동질성에 기초한 밀접한 관계에서 개인의 필요성에 의한 일시적 관계로 전환되었다는 것을 의미한다.

기계적 연대가 유기적 연대로 변화한 상황에서 사회적 연대를 유지시키는 힘은 역설적이지만 '개인주의'의 극대화이다. 개인주의적 가치관이 우선시하는 상호 간의 필요성이 만들어 낸 사회적 연대는 언제든 붕괴될 수 있다는 점에서 사회는 태생적인 해체에 대한 불안을 안고 있다.

뒤르켐은 이러한 현대 사회의 붕괴 · 파편화 등을 예방하기 위해 타인에 대한 공감 · 배려 등에 기초한 개인주의인 도덕적 개인주의를 새로운 사회 규범으로 채택할 것을 주장했다. 산업화 과정에서 개인주의의 확산이 피할 수 없는 추세라면 인간성에 기대어 사회의 파편화를 막고 공동체를 유지시키자는 것이 뒤르켐의 시각이었다.

학교 이야기로 돌아와 보자. 아마 대부분 사람은 직 · 간접적으로 왕따라는 현상을 한 번쯤은 본 적이 있을 것이다. 글쓴이 역시 왕따의 가해자인 적도 있었고 피해자인 적도 있었다. 피해 당사자에게는 '왕따'라는 단어 자체가 지옥으로 다가올 수도 있어 조금 조심스럽긴 하지만, 그래도 이 현상에 대해 조금 더 깊게 파고들어 보도록 하자.

먼저 이야기할 주제는 '누가 왕따를 당하는가?'이다. 어느 정도 알려진 사실은 왕따의 대상은 일반적으로 힘이 약하거나 어리숙하거나 너무 착한 사람이라는 점이다. 평균적인 수준에서 벗어나는 속성을 가지면서 저항을 할 가능성이 낮아 보이는 사람이나 집단은 보통 왕따의 대상이 된다. 그 외에도 재산, 성별, 장애의 유무, 출신 지역, 사회적 배경, 외모 등 다양한 요소가 왕따 대상을 선정하는 기준이 되기도 한다. 사회적 차원에서는 일반적으로 사회적 소수자의 지위에 놓일수록 왕따의 대상이 될 가능성이 높다고 평가한다.

왕따가 다수가 소수를 따돌리는 현상이라면 사회적으로 우월한 조건을 가진 소수의 사람들을 다수의 약자들이 따돌리는 현상이 나타날 수도 있을 것 같다. 실제로는 어떨까? 여러 사례 연구에서는 다수의 약자가 소수의 강자를 따돌리는 현상을 찾는 것이 불가능한 것은 아니지만, 그 사례가 극히 드물다고 이야기한다. 심리학을 연구하는 사람들은 인간의 진화 과정에서 만들어진 강자에게는 심리적으로 복종하고 약자에게는 지배적인 태도를 보이는 '강약약강(강자에게 약하고 약자에게 강한)'의 생존 방식이 왕따 대상을 선정하는 과정에 영향을 끼치는 것으로 보고 있다.

만약 왕따가 '다수가 소수를 사회적으로 따돌리는' 현상이 아닌 '다수가 사회적으로 약한 소수를 찾아내 이를 따돌리는' 현상이라면 왕따가 일어나는 현대 사회는 집단 구성원 간 호혜성을 기대할 수 없는 상태로 변화하는 중이라고 볼 수 있다. 사람들 사이에 호혜성을 기대할 수 없다면 미래의 인간관계가 건강한 모습일 것으로 신뢰하기도 어려워진다. 약자를 먹잇감으로 선정하고 왕따를 자행하는 사람들의 태도 이면에는 상대방을 다시 만날 일이 없다는 무책임함과 보복을 두려워하지 않아도 된다는 생각이 자리 잡고 있다. 이는 자신의 이익만을 극대화한 생존 방식이다. 인간을 포함한 집단생활을 하는 동물들은 자신이 집단에서 구조적으로 배제되는 것을 상당히 두려워한다. '구조적으로 선택된 왕따 대상'이 호혜적 관계가 성립하지 않는 완벽한 타인이라면 조금 더 과감하게 타인을 왕따 대상으로 방치하거나 혹은 적극적으로 왕따 현상에 참여하는 것도 충분히 가능할 것이다.

사회 자본의 상실: 개인주의가 확산되는 학교 현장

왕따의 사회적 의미와 학교 공간의 특성을 연결 지어 이야기해 보자. 학교라는 집단은 여러 부분에서 다른 사회집단과 구별되는 특징을 가지고 있다. 학생 입장에서 느낄 수 있는 학교의 특징으로 자신의 의지와 관계없이 하루의 반나절 이상을 의무적으로 자신이 선택한 적 없는 사람들과 함께 보내야 하는 공간이며, 자유에 반하는 활동을 강제로 요구받는 공간이라는 점 정도를 정리해볼 수 있다. 극단적으로 평가하면 하루 중 가장 긴 시간을 보내야만 하면서도, 자율성을 완전히 박탈당한 공간이 학교인 셈이다.

학교 내에서 강제성이 사회적으로 용납되고 정당화되는 이유는 학교가 사회에서 사회화를 담당하는 중추 기관이기 때문이다. 사회는 다양한 유형과 속성을 가진 사람들이 섞여 살아가는 공간이다. 학교가 사회화를 담당하는 중추 기관이라면 학교의 모습은 사회의 모습과 최대한 비슷한, 다양한 사람들이 섞여 사는 공간이어야 한다. 이런 점에서 본다면 학교는 미래의 사회인이 될 학생들에게 때로는 만나기 싫은 사람들도 만나도록 해야 하고, 하기 싫은 것도 하도록 어느 정도 강제하는 것이 필요할 수도 있다.

학생이 '사회의 축소판'을 경험한다는 측면에서 하기 싫은 행위를 하도록 하거나 만나기 싫은 사람도 만나도록 유도할 필요가 있다면 그 구체적인 경험을 제공하는 것은 교사의 역할이다. 교사에게는 사회의 일반적인 시각이나 교사의 주관적 시각에서 하기 싫어도 해야 할 일, 혹은 교류하기 싫어도 교류해야 할 사람이 있을 때 그 상황을 어떻게 마주하고 해결할 것인지를 알려 주는 능력이 필요하다.

학교 공간을 구성하는 중요한 두 주체인 교사와 학생 이야기를 잠시 해 보았는데, 이 이야기에는 보이지는 않지만 절대 무너져서는 안 되는 큰 뼈대가 있다. 바로 현대 사회가 지속적으로 유지되기 위해 학교가 특정 역할을 반드시 담당해야 하고, 학교가 제공하는 사회화의 방향 역시 현재의 사회 구조를 유지시키는 쪽으로 이루어져야 한다는 점이다.

앞서 이야기한 호혜성의 내용과 사회화의 내용을 연결해 보자. 학교가 호혜성에 기반한 공동체 중심의 구조를 유지시키기 위해 필요한 공간이라면 학교는 공동체를 유지하는 데 필요한 여러 기술, 태도 등을 가르칠 것이다. 전통적인 학교는 사회 구성원이 되기 위해 만나기 싫은 사람도 만나고, 하기 싫은 것도 하도록 만드는 능력을 키우는 것을 목표로 설정하고 있다. 호혜성의 원리가 무너지고 있는 현 사회에서 만나기 싫은 사람도 만나고 하기 싫은 것도 하도록 하는 사회화를 제공하는 것은 쉬운 일이 아니다. 사회의 작동 원리가 지속적인 호혜성에 기반한 공동체주의에서 일회성 만남과 권리─의무의 계약 관계로 변화하고 있는 상황에서 호혜성에 기반한 공동체 중심의 학교 교육을 제공하는 것은 사실상 무리다.

미국의 정치학자 로버트 퍼트넘(Robert D. Putnam)은 사회 자본이라는 개념을 통해 미래 사회가 갖추어야 할 모습을 진단했다. 퍼트넘은 사회 자본이 형성되는 바탕을 '결합'과 '연결'이라는 용어로 표현했는데, 사회 구성원을 연결하는 끈끈한 본드 같은 유대감이 사람들 사이에 만들어지

사회 자본

사회 자본이란 개인 또는 사회적 관계를 통해 형성되는 보이지 않는 상호 간의 신뢰, 호혜 등으로 만들어진 무형의 자본을 의미한다. 사회 자본은 사회 구성원 상호 간의 협동을 촉진함으로써 개인이나 공동체를 하나로 묶어 주는 역할을 수행한다. 사회 자본의 구체적 형태는 구성원들의 공유된 제도, 규범, 네트워크, 신뢰 등 일체의 사회적 연결망의 모습으로 나타나는데, 사회 자본이 잘 확충된 나라일수록 국민 간의 신뢰가 높고 이를 보장하는 법 제도가 잘 구축돼 있어 경제·정치적 발전 가능성이 높아진다고 평가한다.

미국의 정치학자 로버트 퍼트넘은 사회 자본을 결합(Bonding) 사회 자본과 연결(Bridging) 사회 자본으로 구분한다. 결합 사회 자본은 또래, 같은 인종, 같은 종교와 같은 사회화 과정에 동일한 특성들 사이에 생겨나는 사회 자본을 말하며 연결 사회 자본은 다른 축구팀의 팬클럽과 같은 이질적인 집단 사이에 생기는 사회 자본을 말한다. 퍼트넘은 그의 저서 『나 홀로 볼링(Bowling Alone)』에서 현대 미국 사회에서는 구성원 간의 신뢰와 유대가 사라져 공동체적 의식이 점차 약해지고 있고 이로 인하여 사회 자본이 심각하게 쇠퇴, 결과적으로 미국 사회가 큰 위기를 맞을 것이라 분석하였다.

지 않는 경우 사회 자본이 형성되기 어려우며, 사회 자본의 부재는 곧 사회 발전 저해로 이어진다고 이야기했다.

사회 자본 개념을 활용해 학교의 모습을 살펴보자. 호혜성에 기반한 운영 원리의 부재, 일회성 관계 중심의 사회 방식 등이 가져온 철저한 약육강식 문화는 왕따라는 새로운 사회 문제를 탄생시켰고 그 문제를 계속해서 확장시키고 있다. 그런데 그 와중에도 왕따 문제에 대한 대책으로 '상대방에게 관심 가지지 말고, 소통도 하지 말고 거리를 두며 지내라'고 주문하는 우리 사회의 모습은 전형적인 사회 자본이 상실된 사회의 모습을 보여주고 있다. 성인이 되기 전 호혜성을 배울 수 있는 기회를 제공해야 할 학교에서마저 극단적 개인주의의 모습을 보인다면 미래 사회는 호혜성에 기반한 사회 자본을 형성하기 더욱 어려워진다. 극단화된 개인주의를 바탕으로 자신보다 약한 먹잇감을 찾아 밟고 올라서는 약육강식의 운영 원리가 지배하는 우리 사회는 이미 사회 자본이 상당한 수준으로 사라진 모습을 보이고 있다고 평가할 수 있을 정도다.

학교의 개인주의화는 학생에게만 영향을 주는 문제는 아니다. 학생과 함께 학교를 만들어가는 교사 집단에서도 이러한 문제는 강하게 나타나고 있다. 교사 집단 내에서는 교육 현장에서 발생할 수 있는 모든 문제를 '책임 소재 규명'의 차원에서만 접근하고 장기적인 관점에서 교육 활동의 가치를 평가하지 않는 모습이 점차 두드러지고 있다. 학교 운영 시스템에서도 교육 현장의 요구 및 사회의 변화와 한참 동떨어진 권위적인 학교 및 교

로버트 퍼트넘(Robert D. Putnam)은 미국의 정치학자이자 하버드 대학교 교수다. 시민참여와 시민사회, 사회적 자본에 관한 글로 유명하다. 그 외에도 국제 협약은 국내에 이익을 가져다 줄 경우에만 타결된다는 '2차 게임모델'을 발전시켰다.

육 정책 운영 등이 수년째 반복되고 있다. 행정적으로도 서류와 절차 등에 있어 '책임을 구조적으로 회피하기 위한' 장치가 늘어나고 있다. 이러한 신비한 현상 속에서 대부분 교사들은 '책임질 일'을 만들지 않기 위해 교사 간 협업을 거부하거나 타 교사·학생·학부모와의 깊이 있는 사회적 관계 형성 자체를 거부하는 모습을 보인다. 거기에 '민원'이라는 이름으로 포장된 일부 극성 학부모 및 지역 사회의 말도 안 되는 요구사항 등이 억지로 교육에 반영되고 행정적 부담이 교사에게 쏠리는 과정을 겪으며 대부분 교사들은 학교 내에서는 복지부동, 심리적·사회적 거리 두기 등을 선택하는 것이 합리적인 생존 방식임을 경험적으로 학습하고 있다.

IMF 시기 이후 교직 선택의 주된 이유로 경제적 안정과 워라밸(Work-Life Balance, 일과 삶의 균형) 중시 등을 1순위로 뽑는 사람들의 교직 유입이 늘어남에 따라 경제적·물질적 보상 등이 없는 무조건적인 희생을 수용하는 교사를 찾아보기 어려워진 것 또한 현실이다. 악성 민원, 교권 추락 등으로 교직이 주는 명예가 사라짐은 물론, 교직이 주는 경제적·물질적 보상 역시 별로 달라진 것이 없는 현시점에 교사가 워라밸 추구, 안정적인 삶 등을 추구하고 개인주의적 가치관에 따라 행동하는 현상 역시 교사의 생존 측면에서는 상당히 합리적인 선택이라고 평가할 수 있다.

종합적으로 보았을 때, 학교의 개인주의화, 학교 구성원 간 사회적 유대감의 약화와 사회 자본의 상실 등은 교사와 학생의 합리적 선택의 결과물이며, 앞으로 그 속도가 더욱 빨라질 것이라고 예측할 수 있다. 호혜성의 상실과 개인주의의 극대화는 학교 내에서 앞으로도 왕따라는 현상이 없어지지 않을 것이며, 오히려 더 심해지거나 혹은 여러 새로운 형태로 다시 나타날 것이라는 어두운 미래를 보여주고 있다.

다문화가 새로운 균열 축이 되고 있다

왕따가 사회적으로 소수이자 약자인 집단이나 개인을 대상으로 이루어지는 현상이라고 이야기를 했는데, 최근 시골에서는 기존의 현상과 다른 새로운 현상들이 나타나고 있다.

전통적인 시각에서 우리 사회의 주류는 한민족이라고 표현하던 정착 한국민이었고 결혼·취업 등을 목적으로 외국에서 들어온 이주민들은 소수자로 분류되는 경우가 많았다. 흑인 등의 유색 이주민은 물론 우리와

"요즘 시골서 한국 아이는 다문화 학생에 왕따 당해"… 수면 위로 떠오르는 인구 변화

유튜브 채널 '부동산 읽어주는 남자'에는 "한국 VS 일본, 인구감소로 완전히 달라질 집값 시나리오"라는 제목의 영상이 지난 17일 올라왔다. 공개된 영상 속 박정호 명지대 교수는 전교생이 8명 있는 강원도 소재 한 초등학교 분교에서 특강을 했던 경험을 소개했다.

이날 박 교수는 "운동장에서 교감 선생님과 대화를 하다가 운동장을 봤더니, (8명 중) 6명 정도 되는 친구들이 5학년 학생 한 명을 왕따시키고 있었다"라고 회상했다. 이어 "여러 명이 한 명의 얼굴을 축구공으로 치고, 넘어뜨리고 하길래 놀라서 교감 선생님에게 '저거 말려야 하지 않느냐'고 했더니, 교감 선생님 눈빛이 다 아는 눈치였다"고 떠올렸다. 계속해서 "그러면서 '더 심해지지는 않아서 지금은 지켜보고만 있다'고 했다"라고 돌이켰다.

또 "교감 선생님에게 '왜 저 친구 한 명을 저렇게 괴롭히느냐'고 물어봤더니 (따돌림을 당하고 있는) 5학년 친구 한 명만 아버지, 어머니가 모두 한국인이었고 (따돌림을 가한) 나머지 아이들은 모두 다문화 가정 아이들이었다"라고 부연했다. 나아가 "'너는 우리랑 다르다'라는 이유로 그런 것이다"라고 전했다. 이와 함께 "이게 군 단위 이하(지방자치단체)의 현실"이라고 강조했다. 더불어 "그렇다고 다문화 가정을 차별하자는 이야기를 하는 것이 아니다"라고 힘주어 말했다. 아울러 "(다문화 가정 아이들 부모도) 국적이 모두 한국인분들"이라고 설명했다. 이와 함께 "다만 사회적으로 이 문제에 관해 관심을 가져 주기를 바라는 마음에서 얘기한다"라고 밝혔다.

김찬영, "요즘 시골서 한국 아이는 다문화 학생에 왕따 당해"…수면 위로 떠오르는 인구 변화, 「세계일보」, 2021. 8. 18. segye.com/newsView/20210818510082?OutUrl=naver

생김새가 다른 아시아계 이주민 역시 사회적 소수자였으며 백인 이주자의 경우에도 학교 내에서는 가차 없이 소수자로 분리되는 경우가 빈번하게 일어났다.

그런데 출생률이 극적으로 줄어듦에 따라 우리 사회에서는 '2세대 다문화 가정'이라는 이전에 찾아볼 수 없는 새로운 가족 형태가 등장했다. 특히 혼인 적령 인구의 심각한 성비 불균형으로 인하여 혼인을 목적으로 한 아시아계 이주민의 유입이 늘어나며 지방 농어촌에서는 이러한 '2세대 다문화 가정'을 찾아보기가 더욱 쉬워진 상황이다.

인구의 급속한 감소와 국제결혼 증가라는 두 사회 현상이 맞물린 지방 시골의 작은 학교에서는 기존 정착 한국인 학생보다 이주민 다문화 2세 한국인 학생의 숫자가 더 많은 모습을 쉽게 찾을 수 있다. 지방 시골 학교에서는 정착 한국인이 소수자로 규정되고 이주민 2세 학생들로부터 왕따를 당하는 현상을 심심찮게 찾아볼 수 있다.

시골에서 이주민 2세 학생들이 기존 정착 한국 학생들을 따돌리는 현상이 이주민 2세가 시골 학교에서 사회적 강자의 위치에 있는 것을 보여주는 것은 아니다. 이주민 2세 학생 대부분은 어릴 때부터 다문화 가정이라는 이유로 구조적으로 한 번쯤은 차별을 경험하게 된다. 두 개의 모국어를 어릴 때부터 배워야 하는 성장 과정상의 학습 부담, 한국어가 서툰 어머니가 대부분 양육을 전담하는 양육 문화의 특징 등으로 인해 이주민 2세 학생들은 학교 교육을 통해 한국 문화를 습득하거나 높은 학업 성취 수준을 거두는 것이 상당히 어렵다. 또 이들은 평소 사용하는 언어가 다르다 보니 기존 한국 사회의 일원으로 자리 잡기도 쉽지 않다.

자연스레 이들 '지방 시골 이주민 2세 집단'은 사회에서 겪은 여러 상처를 견디며 한국 사회에 편입되는 선택을 하기보다 그들만의 작은 집단을 만들어 생존하는 전략을 택하는 모습을 더 많이 보인다. 생존 방식으로 기존 문화 및 사회에 흡수 및 통합되는 것이 아닌 '분리'를 택한 것이다.

"학교에서 인종차별 괴롭힘…극단 선택 학생도"

"지난해 인천에서 러시아계 학생이 학교에서 왕따를 당해서 옥상에서 투신했어요. 한국어를 알아도 차별하고, 한국어를 모르면 더 심하게 차별해요."

주한몽골여성총연맹은 5일 오후 서울 동대문구 동대문디자인플라자(DDP) 앞에서 기자회견을 열고 "한국 사회, 특히 학교에서 다문화 아이들에 대한 차별과 폭력이 만연하다"며 "인종차별 금지법을 제정하고 청소년 처벌을 강화하는 등 법 제도를 개선하라"고 촉구했다. 이들은 "한국의 다문화정책은 다문화 아이들을 돕는다는 명목으로 이들을 교육 현장에서 구분 지어 아이들을 위축시키고 상처입힌다"며 "(한국 사회는) 다문화 아이들에게 한국어, 한국 문화를 잘 알아야한다고 하지만 막상 이들이 한국어·한국 문화를 잘 알아도 보이지 않는 차별을 한다"고 말했다.

주한몽골여성총연맹 측은 지난 7월 경남 양산에서 발생한 몽골 이민자 출신 여중생 대상 집단 폭행·폭행 장면 촬영 사건 외에도 수많은 이주민 학생들을 대상으로 한 차별·폭력이 빈발하고 있다고 밝혔다. 이슬기 주한몽골여성총연맹 감사는 "한 이주민 출신 초등학생이 외국 국적이라는 이유로 학교에서 왕따를 당하기 시작했는데 이런 괴롭힘이 중학교까지 이어져 정신적으로 큰 고통을 받고 있다"며 "이런 괴롭힘을 당해도 선생님에게 말도 하지 못한다"고 말했다.

이들은 "다문화 아이들이 차별·폭력의 대상이 되더라도 이주민 출신 부모들은 언어가 서툴고 아이가 학교에서 불이익을 당할까 문제를 제기하지 못하는 경우가 많다"고 지적했다. 이들은 교육 현장에서 더 이상의 차별과 폭력을 막기 위해 ▲ 인종차별 금지법 제정 ▲ 청소년 처벌 강화 ▲ 선주민 학생과 사회 대상 다문화 교육 확대를 요구했다.

한국에서 아이들을 키우고 있다는 몽골 출신 오수현(45)씨는 "내년 3월이면 한국에서 태어난 막내아들이 초등학교에 입학한다"며 "부모님과 사회가 아이들에게 무엇이 옳고 나쁜지 잘 가르쳐 아이들이 좋은 세상에서 살 수 있길 바란다"고 말했다.

2021. 12. 05. 「연합뉴스」, 윤우성 기자

이처럼 사회 내 집단이 명확한 기준을 가지고 구분 및 분리되어 새로운 소수 집단으로 재편성되는 과정을 사회학이나 정치학에서는 균열 (cleavage)을 형성한다고 표현한다. 균열 구조를 기반으로 한 사회적 분열은 대개 '우리 집단'과 '그들 집단'을 명확히 구분하고 우리 집단의 이익만을 우선시하는 모습을 보이는데, 지방 농어촌 학교에서 이주 다문화 가정 중심의 다수자-소수자 규정이 일어나고 있다는 것은 미래 우리 사회의 통합을 저해하는 새로운 갈등 요소로 '소수 문화 집단에 대한 구조적 차별' 양상이 등장할 것임을 예측할 수 있게 해 준다.

그렇다고 우리 사회가 다문화의 진전을 방해하거나 막을 수 있는 상황에 있는 것 또한 아니다. 급속한 생산 가능 인구 감소 및 합계출산율 하락 등으로 인해 앞으로 우리나라는 생산 측면에서의 성장, 인구 측면에서의 국가 유지 등에 있어 상당한 위기를 겪을 미래가 확정되어 있다. 이러한 상황에서 국가는 국제결혼 및 이주 노동자 입국 등을 장려할 수밖에 없다. 외부로부터는 세계적 추세에 맞추어 단일 민족 · 국가 개념을 폐기하고, 다민족 개념에 의한 국가 구성, 국경을 넘어선 노동력 및 인재의 자유

균열과 사회 구조

균열이란 사회 내에 형성된 갈등에 기초한 대립 축을 의미하는 용어다. 세이머 마틴 립셋(Seymour Martin Lipset)과 스타인 로칸(Stein Rokkan)은 근대 시기 유럽에서의 정당 형성이 종교적 갈등 구조 · 자본가와 노동자의 계급적 갈등 구조 · 도시와 농촌 간의 지역적 갈등 구조 등에서 출발하였다고 주장했다. 사회 구조가 다원화될수록 균열 구조의 형성 가능성 역시 높아진다.

균열 구조가 형성된다는 것은 사회 내에서 만들어진 갈등 구조가 수면 위로 드러났다는 것을 의미한다. 균열 구조의 형성은 그에 따른 정치적 갈등을 수반하고 이는 갈등 구조를 기반으로 한 새로운 정당의 출현으로 이어진다. 한국의 경우 경상도와 전라도로 대표되는 지역 간 균열 구조가 20세기의 정치적 갈등을 주도하였다면 현재에는 서울과 지방, 노년과 청 · 장년 등으로 균열 구조가 변화하고 있다. 최근에는 저출산 고령화로 인한 노동력 부족, 국제결혼 증가 등으로 외국인의 유입이 증가됨에 따라 다문화가 새로운 균열 축으로 부상하고 있으며 노인 · 외국인 · 지방 · 청년 · 여성 등 특정 집단을 대표하는 정치세력이 이전보다 더 많이 등장할 것으로 예측할 수 있다.

로운 이동 등을 보장할 것을 요구받고 있다. 우리 사회가 앞으로 해외 이주민들을 더욱 수용해야 한다면 현재 지방에서 발생하고 있는 새로운 형태의 소수자 문제에 대해서도 지금보다 조금 더 심각하게 관심 가져야 할 필요가 있을 것이다.

주류 문화와 유입 문화 간의 관계: 용광로 이론과 샐러드 그릇 이론

앞서 이야기한 것처럼 우리 사회가 다양한 인종·종교 등 서로 다른 문화적 배경을 가진 사람들로 이루어진 것은 비교적 최근의 일이다. 백의민족의 단일성과 한민족의 얼을 유지하자는 것이 교과서의 서술 방향이었던 것을 생각하면 꽤 많은 변화가 일어난 셈이다.

다문화 사회에서는 기존에 존재하던 주류 문화와 새롭게 유입된 소수 문화 간의 관계 문제가 항상 존재한다.

세이머 마틴 립셋(Seymour Martin Lipset)은 미국의 사회학자이자 정치학자다. 주요 연구 분야는 정치사회학, 노동조합조직, 사회계층화. 여론조사, 지적생활 사회학이다. 그는 또한 비교 관점에서 민주주의의 조건에 대해 광범위하게 썼다.

스타인 로칸(Stein Rokkan)은 노르웨이의 정치학자이자 사회학자다. 베르겐대학의 최초의 사회학 교수이자 비교정치학의 주요 창시자였다. 또 베르겐대학교에 사회학, 경제학. 정치학을 아우르는 다학문 사회학과를 설립했으며, 전후 노르웨이 사회과학 발전에 핵심적인 역할을 했다.

주류 문화와 유입된 소수 문화 간의 관계를 설명하는 대표적인 이론으로는 용광로 이론과 샐러드 그릇 이론이 있다. 용광로 이론은 우리 사회를 하나의 용광로로 바라본다. 어떤 형태의 철광석이라도 용광로 안에서는 동일한 모습의 쇳물이 되듯이 다양한 문화가 유입되더라도 특정 사회에 들어온 이상 소수 문화는 주류 문화에 흡수되어야 한다는 것이 주 내용인데 다른 말로는 동화주의 이론이라고도 부른다.

다문화 사회가 용광로의 형태를 띠게 되면 단일 문화 통합에 따른 사회적 연대감 · 결속력 등을 확보하고 사회적 혼란을 줄일 수 있다. 그러나 용광로 이론은 근본적으로 소수 문화가 주류 문화에 반드시 편입되어야 한다는 입장을 취하고 있다는 점에서 문화 다양성을 떨어뜨리기 쉽다. 과거 미국의 경우 다양한 문화권 출신 이주민을 '미국적 가치'에 맞춰 받아들이고 통합하려는 노력을 보였는데 이 경우가 용광로 이론에 의한 사회 통합 전략의 대표적 예시이다.

샐러드 그릇 이론은 용광로 이론과 달리 다양한 문화가 한 사회 속에서 각자의 문화 모습을 유지할 것을 요구한다. 다양한 드레싱 소스를 곁들이긴 하지만 샐러드의 본질은 '각 야채의 맛'을 최대한 신선하게 살려내는 것이다. 마찬가지로 사회가 샐러드 그릇이라면 그 속에 담겨 있는 여러 문화는 각자의 맛인 정체성을 유지해야 한다. 샐러드 그릇 모델은 기존 문화든 유입 문화든 다수가 향유하는 문화든 소수의 문화든 모든 문화가 각각의 정체성을 유지하면서 공존하는 것을 추구하는데 다른 말로는 다문화주의 이론이라고도 부른다.

다문화 정책이 샐러드 그릇 이론의 형태를 띠면 이주민들이 자신들의 문화를 사회 속에서 지켜나갈 수 있게 된다. 이는 자연히 그 사회 속에는 소수 문화 각각의 정체성이 유지되도록 만든다. 최근의 다문화 사회는 샐러드 그릇의 형태를 띠는 것을 이상적이라고 생각하며 소수 문화가 각자의 정체성을 지킨 채로 유입 사회에 정착하기를 기대하는 모습을 보인다.

우리나라의 다문화 가정 지원책을 보면 다양한 문화 현상을 최대한 수용하는 샐러드 그릇의 형태를 추구하고 있는 것 같다. 그러나 한편으로는 이주민 대상 정책 지원이 '한국화'를 전제로 한다는 점에서 용광로 형태를 추구하는 것으로 보이기도 한다. 어떤 전략을 추구하든 간에 우리가 인정해야 할 것은 '다문화화' 그 자체는 이미 상당 수준 진전되었다는 점이다. 다문화의 진전이 가져온 갈등은 앞으로 심해지면 심해졌지 약해지지는 않을 것이다. 다문화가 새로운 갈등 축이 되지 않도록 제도적인 노력과 함께 우리 사회의 가치관 변화, 유입 문화에 대한 관용적 태도 등을 갖춰야 할 때가 온 것이다.

지나친 개인주의는 안 된다

왕따 이야기와 균열 구조와 유입 문화에 대한 다양한 이론적 시각 등을 통해 우리 사회의 미래 모습을 나누어 보았다. 과거 우리 사회가 지나친 공동체주의로 인해 개인의 가치를 경시한 것이 여러 문제점을 만들어 냈었다면 지금 사회에서 우리가 마주하는 여러 문제들은 대부분 지나친 개인주의에서 유발된 사회적 고립, 연대의 부재 등을 통해 만들어지고 있다. 사회 속에서 형성된 관계 대부분이 상대를 목적이 아닌 수단으로 본 결과 인간관계의 본질이 무너지고, 개인은 자신의 생존을 온전히 스스로 확보해야만 하는 처지에 놓인 것이다.

우리나라보다 약 200여 년 먼저 개인주의의 급속한 확산을 경험한 유럽에서도 우리와 비슷한 고민을 한 사람들이 많이 있었다. 기계적 연대와 유기적 연대를 통해 개인주의의 진전 과정을 분석한 에밀 뒤르켐은 '도덕적 개인주의'라는 개념을 통해 공동체적 가치가 붕괴되지 않는 수준에서의 개인주의 개념을 제시했는데, 뒤르켐은 도덕적 개인주의를 '현대 사회의 붕괴·파편화 등을 예방하기 위해 타인에 대한 공감·배려 등에 기초해 만들어진 개인주의'라 설명한다.

소수자와 다수자 간의 관계는 상대적인 개념이다. 완벽하게 평등한 사회를 만드는 것 역시 사실상 불가능하므로 소수자 문제를 완벽하게 해결하는 것 역시 불가능하다. 소수자 문제에서 출발하는 왕따 문제 등도 어쩌면 영원히 해결할 수 없는 문제일 수도 있다.

그럼에도 소수자 문제는 앞으로 우리 사회를 들었다 났다 할 중요한 문제가 될 것이다. 이주민에 의해 구성된 다문화 가정 외에도 지역, 성별, 계층, 학력, 직업, 취미, 성적 지향성, 장애의 유무 등 소수자를 정의하는 여러 요소를 중심으로 우리 사회의 다원화는 엄청나게 빠른 속도로 진행되고 있으며, 또 이 과정에서 만들어진 소수 집단에 대한 다수 집단의 린치나 왕따 등도 여전히 현재 진행 중이기 때문이다.

호혜성 이야기로 시작했으니 이번 이야기는 호혜성 이야기로 마무리를 지어 볼까 한다. 권리와 의무의 형태로 만들어진 일회성 계약 관계는 단기적인 관점에서는 합리적일 수 있지만, 장기적인 관점에서는 서로 간의 의존성을 약화시키게 된다. 사회의 모든 관계가 일회성의 이익에 집중한 단발성 관계로 마무리된다면, 그 사회는 당연히 힘 있는 다수자가 힘을 바탕으로 불평등한 관계를 형성해 소수자로부터 많은 이익을 가져가는 구조가 될 것이다. 사회 자본을 회복시키기 위한 호혜적 인간관계 형성이 필요한 이유가 바로 여기에 있다. 호혜적 관계에 기반한 인간관계에서는 당장 이익만을 극대화할 대상으로 상대를 바라보지 않고 미래를 고려한 협력적인 인간관계를 형성할 것이기 때문이다. 내 앞의 사람이 어느 순간에든 내 등 뒤를 지켜 줄 든든한 가족이 되어 줄 수 있다는 시각으로 주변을 바라볼 필요가 있을 것이다.

13장

민원이면 다 해결된다구요?
법대로 하라구요?

소송 만능주의와 일상생활의 사법화

민원 전성시대

　공무원들이 가장 무서워(?)하는 단어 중 하나가 바로 민원이다. 민원이 접수되면 해당 업무를 담당하는 공무원에게 인사상의 부담이 발생하고 퇴근 시간도 늦어지기 때문이다. 직장인들에게 퇴근이 늦어지는 것은 그 자체로 충분히 끔찍한 일이다. 공무원에게 부담스러운 단어가 민원이라면 그 민원은 누가 제기하는 걸까? 당연한 이야기이지만 민원을 통해 특정한 일을 해결하고 싶은 민원인, 즉 우리 주변에서 쉽게 찾을 수 있는 평범한 사람들이 바로 민원의 주체가 된다.

　공무원은 보이지 않는 인격체인 국가를 대리해 실제 사무를 처리하는 대리인의 성격이 강하다. 국민주권주의 원리에 따르면 국가를 구성하는 주체인 국민이 공무원들에게 특정한 사무를 공식적으로 해결해 줄 것을 요청하는 민원 자체에는 전혀 문제가 될 부분이 없다. 오히려 민원을 금지 혹은 억압하거나 묵살하는 사회적 분위기가 형성되어 있다면 그것은 국가가 국민 개개인이 당연히 보장받아야 할 권리를 주장하지 못하도록 하는, 독재 국가의 모습을 보인다고 해석해야 한다.

이론적으로는 민원이 국민의 당연한 권리이고, 국가는 민원인이 제기하는 민원을 중요시해야 하며 국가의 실무를 처리하는 공무원은 그 민원을 최대한 성실히 처리해야 한다. 그럼에도 현장의 공무원들은 민원을 '민원인이 제기할 수 있는, 당연히 보장받아야 하는 기본적인 권리'로 인식하기보다는 민원 자체를 불필요한, 혹은 업무 처리에 방해되는, 공무원의 근무를 방해하고 삶을 피폐하게 만드는 원흉으로 인식하는 경우가 많다. 실제로 공무원들은 업무와 관련해 발생하는 애로사항의 유형 중 하나로 이기적인 요구에 가까운 악성 민원을 드는 경우가 많다. 이러한 악성 민원은 중장기적으로 공무원의 서비스 질을 떨어뜨린다는 점에서도 사회적으로 큰 문제가 되고 있다.

공무원의 세계에서 민원은 문제 해결의 만능열쇠이면서 동시에 만나지 않았으면 하는 두려운(?) 존재다. 이와 비교해 현대 사회를 살아가는 보통 사람의 입장에서 언제든 사용할 수 있는 만능열쇠이지만 내가 그 대상이 되길 바라지는 않는 행정적 장치는 바로 소송이다. 대한민국 사람들은 유달리 소송과 법을 좋아한다. 사람들이 싸우다 보면 꼭 찾는 세 가지가 바로 지역, 나이 그리고 법이라는 말이 있을 정도다. 출신 지역과 학교가 어딘지를 묻고, 나이를 바탕으로 '어린 놈이 왜 그러냐' 또는 '나이 먹고 뭐 하는 짓이냐' 등의 언쟁을 주고받다 결국은 '법대로 합시다' 엔딩으로 끝나는 경우를 한 번쯤은 본 적 있을 것이다. 과거 '법은 멀고 주먹은 가깝다'고 이야기하던 우리 사회가 이제는 '주먹은 멀고 법은 항상 내 마음속에 준비되어 있는' 법 없으면 싸움 하나도 해결할 수 없는 사회로 변화하게 된 것을 보면 정말 대단(?)하다는 생각이 들 때가 많다. 가슴이 참말로 웅장해지는 순간이다.

'협상과 대안'이 부재한 문제 해결 방식

소송과 민원에는 몇 가지 공통점이 있다. 우선 소송과 민원은 각기 행정 기관과 법원이라는 권위 있는 국가 기관에 의한 문제 해결 절차라는 점에서 다른 해결 방식에 비해 상당한 공신력을 보유하고 있다. 문서로 신청하도록 하는 민원 처리 절차나 청구 요지, 근거 등을 문서로 제출해야 진행되는 소송의 요식주의를 통해 청구인, 피청구인, 원고, 피고 등이 주장하는 게 무엇인지 확실하게 알 수 있다. 또 문서 중심 처리 절차는 사건 처리 과정에서 사람들의 의사가 왜곡되는 것을 방지하고 명확한 해결책을 만들어 내기에 유리하다.

다음 공통점으로는 결과에 따라 이익을 보는 사람 또는 집단과 그렇지 않은 사람 또는 집단이 극명하게 나뉜다는 점을 들 수 있다. 이는 스포츠에서 승자와 패자가 확실하게 결정되는 구조와 유사하다. 소송은 원고가 요구하는 사항을 법원이 인정할 것인지의 형태로, 민원의 경우 민원인의 요구사항을 행정 기관이 실현시킬 것인지의 형태로 결론이 난다.

또 다른 공통점은 문제 해결 과정에 제3의 권위 있는 기관이 참여한다는 점이다. 소송과 민원 구조에서 행정 기관이나 법원이 문제 해결에 관여하는 것은 일견 합리적으로 보일 수 있다. 권위를 가진 중립적인 제3자인 판사나 행정 기관은 누구나 받아들일 수 있는 훌륭한 중재안을 만들 수 있을 것으로 기대하는 것이 일반적이기 때문이다.

그래서 그럴까? 우리나라에서 행정 민원·소송이 제기되는 건수는 지속적으로 증가하는 추세에 있다. 협의와 대화에 의한 문제 해결보다 권위 있는 제3의 기관의 일방적인 결정에 의한 문제 해결 비중이 더 높아지고 있으며, 우리 사회 구성원들 역시 이를 더 신뢰하는 모습을 보이는 것이다.

권위 있는 기관에 의한 공식적인 문제 해결 과정은 상당히 합리적으로 보일 수 있으나 한 가지 치명적인 문제가 있다. 바로 문제 해결 시 사건 속 맥락을 고려하기 힘들다는 점이다. 맥락 속에서 사건이 해결되지 않고 종이로 만들어진 근거만을 바탕으로 민원이나 소송이 이루어질 경우 사람들은 매번 증거를 만드는 것에만 집착할 것이다. 이 경우 언제든 문제의 당사자가 될 수 있는 공공 기관의 행정 실무자는 적극적으로 문제를 해결하는 것을 주저할 것이고 사람들 역시 언제 발생할지 모르는 소송에 대비해 가장 보수적인 방법으로 문제에 접근할 수밖에 없다.

우리 사회의 법률이나 행정 규칙 혹은 각 조직의 내부 지침들은 권력의 무분별한 팽창을 방지하기 위해 해석이 달라지지 않을 범위 내에서 행정 활동을 규정하고 있다. 규정된 활동의 범위 내에서 행정 실무자들은 재량권을 행사할 수 있지만 실제로 그 재량권을 활용하는 것은 쉽지 않다. 적법한 재량권 행사라고 할지라도 그것이 근거 없는 민원으로 이어질 소지가 언제든 존재하기 때문이다.

행정 실무자들의 재량권 행사가 어려워지는 현상이 계속될 경우 공공 기관은 문제 해결과 개선점 도출을 위한 적극적인 움직임보다는 현상 유지를 선택할 가능성이 높다. 현상 유지를 달성할 경우 적어도 행정 실무자와 그 상급자가 인사상 불이익을 받을 일은 없어지기 때문이다.

일상생활 속의 분쟁 역시 마찬가지다. 소송에 의한 문제 해결이 제도화될 경우 사람들은 분쟁이 생길 경우 구태여 상호 간의 협상을 통해 문제를 해결하려 들지 않을 것이다. '법대로 합시다'가 훨씬 편하기 때문이다. 자연스레 사람들은 상대방을 신뢰하기보다 협상력에서 상대적 우위를 차지하기 위해서 상대방의 약점이 될 수 있는 법률상 실책을 최대한 찾아내고 그 부분을 공격할 것이다. 결국 민원이나 소송은 이긴 사람이 원하는 모든 것을 얻을 수 있는, 승자와 패자가 분명한 제로 섬(Zero-Sum) 형태로 나타날 가능성이 큰 문제 해결 방식이다.

국민신문고는 맥락을 볼 여유가 없다

누구나 한 번쯤은 법정 드라마나 영화 속에서 법률 전문가인 변호인이나 원고 측 소송대리인(변호사)들이 검사나 피고 측 소송대리인(변호사)과 불꽃 튀는 법적 공방을 주고받는 모습을 본 적이 있을 것이다. 드라마의 주인공이나 주인공 편인 변호사가 불리한 방향으로 전개되고 있던 재판을 한 방에 뒤집을 수 있는 극적인 증거를 제시하며 의기양양한 포즈를 취하는 모습이 클로즈업되고, 이후 방청객 모두가 예상하지 못했다는 표정을 짓는 모습을 보면, 항상 예측되는 장면이면서도 그게 또 그렇게 통쾌할 수가 없다.

하지만 실제 법정은 우리가 상상하는 그런 모습과는 멀어도 한참 거리가 먼 모습을 보인다. 우리나라의 법조인, 특히 판사 1인에 할당되는 사건의 수는 전 세계적으로도 상당히 많은 편이다. 공개 재판이-우리나라는 모든 재판을 공개로 진행하고 있어 누구나 재판 방청이 가능하다- 진행되는 과정에서 초임 변호사가 드라마처럼 극적인 재판을 진행하려 하면 대부분의 경력직 판사들은 '이야기하고 싶은 것을 요약해서 짧게 말해 주세요'라고 일갈하기 일쑤이다. 판사들도 재판 하나가 끝나면 다음 재판 사건 검토하고, 오늘 있었던 재판 내용 정리해야 하는 등의 행정 업무가 잔뜩 쌓여 있는데, 극적인 전개를 위해 본론을 이야기하지 않는 변호사에게 핀잔을 주고 싶은 건 당연하다. 판사도 야근을 싫어하는 것은 마찬가지다.

이러한 상황이다 보니 재판 과정에서는 문서로 제출된 증거와 재판장에서의 증언, 사건에 적용되는 법령에의 해설과 판례 정도가 가장 중요한 요소가 된다. 사건이 일어난 맥락도 중요하긴 하나 시간적·물리적 한계로 인하여 재판을 관장한 판사가 모든 사건의 맥락을 완벽히 이해하는 것은 사실상 불가능하다. 제출된 증거와 증언 외에 사건의 맥락까지 확인하고 합리적인 결론을 도출하는 것이 어려운 이유다.

민원 구조도 마찬가지다. 민원 접수 시 행정 기관은 24시간 이내에 답변을 제공해야 한다. 여기에 승진 등을 위해 자신이 다치지 않기를 바라는 상급자의 보신주의가 더해져 행정 실무자들은 민원인의 요구사항을 최대한 빠르게, 별 탈 없이 처리하는 것에 모든 역량을 투입하게 된다. 민원 내용의 적절성이나 민원이 제기된 맥락 등을 이해하기보다는 그 민원을 일단 빨리 처리하는 것을 목표로 삼게 되는 것이다. 이렇게 민원 내용을 민원인이 원하는 그대로 실현하려는 풍토가 자리 잡다 보니 민원인들은 '민원이면 다 해결된다'고 생각하는 경우가 많다.

이러한 현실로 인해 소송이든 민원이든 해결 주체들은 사건의 구체적인 맥락 등을 중시하기보다는 빠른 해결을 추구하게 된다. 이런 풍토는 소송이나 민원을 해결하기만 하면 원하는 대로 다 이루어진다는 '소송 만능주의' '민원 만능주의'의 원인이 된다. 사회에서 발생하는 다양한 문제가 법원 등 권위 있는 행정 기관에 의해 해결되는 풍토가 자리 잡게 되면 앞으로 사회에서 발생한 문제 해결 과정에 맥락이 고려되는 경우를 찾아보기는 점차 어려워질 것이다.

정치의 사법화, R.I.P.

　민원과 소송 만능주의는 일상생활에서만 발생하는 것은 아니다. 정치에서도 소송 만능주의를 쉽게 찾아볼 수 있다. 정치 현상과 소송 간의 관계 이야기를 꺼내기에 앞서 민주주의를 채택한 사회의 정치적 의사결정이 보통 어떤 형태로 이루어지는지를 먼저 살펴보도록 하자.

　21세기 이후 우리나라를 포함한 대부분 나라들은 정치적 통치 원리로 '민주주의'를 채택하고 있다. 민주주의는 '국민이 주인이 되는 통치체제'라는 뜻을 담고 있는데 대부분 사람들은 민주주의 통치 구조상 의사결정의 핵심으로 선거나 투표를 떠올릴 것이다. 하지만 엄밀한 의미에서 선거나 투표는 민주주의를 실현하는 구체적인 방법 중 하나일 뿐, 민주주의 그 자체를 상징하는 것은 아니다. 현대 사회에서 민주주의의 핵심은 '다름의 인정, 다양성의 인정, 사회가 소수 의견을 존중하고 포용하는 태도' 등으로 정의할 수 있다. 왜 국민이 주인이라는 정치 사상이 소수의 의견도 존중하고 포용하는 태도를 중시하는 사상으로 해석되게 된 것일까? 사회가 다수자와 소수자가 어울려 살아가는 곳이기 때문이다.

　근대 산업 혁명이 진행된 이후 인간 사회는 지속적으로 더 복잡하고 더 분화된 형태로 발전해 왔다. 농업 중심의 경제 구조가 농업, 공업, 서비스업 등의 복합적 경제 구조로 변화되었으며 자본가와 노동자의 이분적 사회 구조가 자본가와 노동자 외 중간관리자, 전문경영인, 소규모 자영업자 등 다양한 주체로 복잡하게 구성되게 된 것이다. 다양한 직업의 등장과 지역의 기능적 분화 등을 통해 산업 혁명기 이후 사회는 서로 다른 성격을 가진 요소들이 모여 함께 살아가는 복잡한 공간으로 변화하기 시작했다.

이렇게 다양한 특징을 가진 사람 혹은 집단이 저마다의 특징을 유지한 채 사회에서 살아가는 것을 '다원화'라고 한다. 다원성은 정치적으로, 혹은 사회적으로 서로 다른 특징을 가진 사람 혹은 집단이 우리 사회를 구성하고 있음을 인정하는 것을 중시한다. 또한 다원성은 구성원 개개인의 다름을 사회가 수용한다는 점에서 민주주의 사회가 지향해야만 하는 궁극적인 목표로 이해할 수 있다. 다원성이 인정되는 사회는 너와 나의 다름을 인정하는 사회임을 의미하고, 서로의 다름을 인정한다는 것은 상대가 소수라도 다수 집단이 소수에게 쉽게 무엇인가를 강요하는 폭력을 행하지 않는 사회가 된다는 것을 의미한다.

만약 사회를 유지하는 기본 원리가 너와 나의 다름을 인정하는 다원성이라면 당연히 그 사회는 소수 집단의 다름도 언제든 인정할 수 있는 모습을 보여야 한다. 당연히 이런 사회에서는 소수 집단에게 일방적인 희생을 강요하지 않을 것이며, 사회적 차원에서 무엇인가 결정을 해야 할 상황에 놓였을 때 소수와 다수가 함께 대화하며 참여할 수 있는 특정한 방식을 통해 최종 결정을 내리는 모습을 보일 것이다.

소수 집단에 대한 배려를 고려하면 다원성이 지배하는 사회에서 '투표나 선거'는 의사를 결정하는 최선의 방법이 될 수 없다. 투표나 선거는 다양한 집단의 의견을 듣는 형태로 의사를 결정하는 것이 아닌, 단순한 숫자놀음의 형태로 누가 더 지지하는 사람이 많은지 인기투표를 하는 형태로 최종 의사를 결정하는 방식이기 때문이다. 투표나 선거 과정을 통한 의사결정 과정만이 존재할 경우 자연스럽게 소수 집단의 의견이 무시되고 다수 집단 중심으로 사회가 운영될 것이다. 따라서 투표나 선거는 언제든 다원성을 해칠 수 있는 의사결정 방법이라고 평가할 수 있다.

그런 의미에서 다원성을 유지할 수 있는, 소수 집단의 의견도 무시하지 않는 최선의 의사결정 방식은 바로 대화와 타협, 그리고 협상이다. 대화나 타협, 협상 등을 통해 의사결정이 이루어질 경우 모든 집단이 원하는 모든 것을 이루는 형태의 의사결정이 이루어질 가능성은 상당히 낮겠지만 사회를 구성하는 다양한 집단들의 의견이나 이익이 의사결정 과정에 조금씩 골고루 반영될 가능성은 훨씬 더 높아진다. 사회 구성원 역시 승리와 패배가 명확히 나뉘는 의사결정 방식보다는 대화와 타협, 협상 등을 통해 모두의 의견이 골고루 반영된 의사결정 결과물을 받아들이기가 더욱 편할 것이다.

앞에서 소송과 민원 만능주의가 사건이 발생한 구체적인 사회적 맥락을 무시하고 승자가 모든 것을 가져가는 제로섬 형태의 의사결정 구조를 만든다는 것을 살펴보았다. 만약 정치적 의사결정 과정에서도 대화나 타협이 아닌 사법부의 소송을 통한 승패 확인이 주된 의사결정 방법이 된다면 어떻게 될까? 아마 우리 사회를 운영하는 원리가 대화와 타협, 협상보다는 승자가 모든 것을 가져가고 패자가 모든 것을 잃어야 하는 왜곡된 의사결정 구조를 만들어낼 것으로 예상할 수 있다.

실제로는 어떨까? 뉴스를 통해 자주 볼 수 있듯이 사회 속 정치적 논쟁의 최종 마무리는 협상이나 대화, 타협이 아닌 소송으로 이루어지는 경우가 대부분이다. 정치인들이 속해 있는 입법부나 행정부가 사법부의 결정에 따라 움직이는 구조가 만들어져 있는 것이다.

정치권에서는 이렇게 정치적 의사결정이 사법부의 재판에 의해 최종적으로 결정되는 상황을 '정치의 사법화' 혹은 '사법의 정치화'라고 부른다. 정치의 사법화 현상은 우리 사회에 꽤 치명적인 영향을 끼치고 있다. 협상과 타협을 통해 다양한 집단의 의견을 최대한 반영하는 것이 민주주의에 어울리는 의사결정 방법이라면 정치의 사법화는 이에 완전히 반대되는 모습을 보인다. 소송 구조가 보여주는 승자독식의 결론, 타협과 협상이 아닌 약점 쥐고 흔들기와 법적 실책 파고들기, 꼬투리 잡기와 무차별적인 인신공격 등으로 사회 지도층이 문제를 해결하는 모습을 사회 구성원들이 바라보게 된다면 사회 구성원들이 전반적으로 택하는 문제 해결 방식에서도 협상과 타협은 점차 사라질 것이다.

협상 없는 의사결정 방식은 현대의 우리나라에서만 나타난 것은 아니었다. 1970년대부터 미국에서도 이와 유사한 모습이 등장하기 시작했는데, 정치학자 셰프터(Martin Allen Shefter)와 긴즈버그(Benjamin Ginsberg)는 이를 'RIP(Revelation, 폭로, Investigation, 수사, Prosecution, 기소)정치'라 불렀다. 일반적인 정치적 수단-협상, 타협, 대화-이 아닌 다른 수단을 사용했다는 점에서 '다른 수단의 정치'라고 부르기도 한다.

우리 사회에서 쉽게 찾아볼 수 있는 소송과 민원 만능주의는 협상과 타협, 대화나 논의에 의한 문제 해결 문화를 사회에서 격리시키는 결과를 가져오고 있다. 협상과 타협이 없는 사회는 앞서 말한 것처럼 당장은 문제를 깔끔하게 해결하는 것처럼 보이지만 장기적으로는 사람들 간의 신뢰와 통합을 무너뜨리고 서로 의지하지 않는 사회를 만들어 낸다. '법대로 하자'는 소송 만능주의가 실은 우리 사회를 타락시키고 해체시키며 살아가기에 황량한 공간으로 만드는 주범이 되는 것이다. 이런 시각에서 보면 어쩌면 우리 사회는 정치의 사법화를 넘어 '일상생활의 사법화'까지 진전되고 있는 상황일지도 모른다.

사회 자본의 상실, 집단 지성에 기초한
공론장이 부활되어야 할 현대 사회

    지금까지의 내용을 종합해 보자. 사회적 갈등이 발생하거나 혹은 공적 권력을 통해 해결하고 싶은 문제가 있을 경우 우리는 협상과 타협, 대화 등의 수단을 선택하기보다 민원과 소송 등의 수단을 선택하는 경향을 보인다. 그리고 소송 혹은 민원의 경우 의견을 제시한 사람이 원하는 모든 것을 얻거나 혹은 그 모든 것을 얻지 못하는 제로섬 게임과 유사한 승자 독식체제를 보인다. 문제를 해결하는 주체인 공공 기관이나 법원은 물리적·시간적 한계로 인해 주어진 증거나 문서화된 정보에만 기초한 맥락적 이해가 없는 문제 접근 방식을 채택하게 되고 문제 해결 과정에서 맥락은 고려하지 않는다. 결국 증거에 기초한 승자와 패자만이 남게 되고 이후 사람들은 대화와 협상을 통해 문제를 해결하기보다 상대방의 실책을 파고드는 증거를 모아 소송 등으로 문제를 해결하려는 모습을 보이게 된다.

    이런 문화가 장기적으로 정착될 경우 사람들은 문제 발생 시점부터 소송이나 민원 등 공적 요소를 활용한 문제 해결 방식을 선택하게 될 것이다. 만약 문제 해결 과정에서 협상과 대화, 타협 등의 요소가 점차 사라지면 사라질수록 사회의 파편화와 해체는 더욱 더 가속화될 것이 뻔하다.

    미국의 정치학자 로버트 퍼트넘은 '사회 자본' 개념을 활용해 사회의 파편화 및 해체를 막기 위해 사회 구성원

위르겐 하버마스(Jürgen Habermas)는 독일의 철학자이자 사회학자, 심리학자이며 언론인이다. 비판이론과 실증주의, 북미 실용주의 분야를 연구한 사회학자로 유명하다. 소통 행위의 이론에서 공공 영역의 개념으로 잘 알려져 있다.

의 유대감을 깊게 하고 문제를 공동으로 해결하는 과정 자체가 중요하다고 이야기했다. 사회라는 가상의 공동체가 사람들이 만들어 낸 최상의 발명품이라면 그 발명품을 원래 목적에 맞게, 어떤 사람이든 모두가 보호받고 행복하게 살 수 있는 공간으로 만드는 노력이 필요한 시점이다.

프랑크푸르트대학에서 의사소통과 합리성을 연구한 사회학자인 위르겐 하버마스(Jurgen Habermas)는 현대 사회에서 나타나는 문제를 해결하기 위해 언어적 토론에 기반한 합리성의 회복이 필요하다고 이야기한다. 하버마스는 사람들이 다양한 사회적 문제에 대해 집단 지성을 발휘하며 토론하는 공간을 공론장(Public Sphere)이라고 이름 붙였는데, 공론장이 활성화될수록 건강한 시민 사회가 등장하고 건강한 시민 사회의 비판적 의식과 대화가 사회 문제를 긍정적인 방향으로 해결할 수 있는 창구가 될 것이라고 주장했다.

의사소통행위이론

하버마스는 현대 사회의 미디어 등장 과정에서 공론장이 어떤 변화상을 보일지에 주목했다. 공론장은 대중의 일반적 관심을 끄는 쟁점에 대한 의견이 형성되는 토론의 장으로 시민 사회가 유지됨에 있어서 핵심적인 역할을 수행하는 공간이다. 공공의 문제를 해결함에 있어 토론과 집단 지성이 핵심적 역할을 수행해야 한다고 생각한 하버마스는 공론장에서 모든 참여자가 동등하게 의견을 제시할 수 있어야 한다고 주장했다. 이는 공공 문제 해결에 있어 공론장에서의 공적 토론과 집단 지성이 중요하다는 생각에서 기인한 것이다.

하버마스는 인간 사회를 체계와 생활 세계로 구분하였는데, 체계는 화폐를 중심으로 한 목적 합리성이 적용되며 권력과 경제 논리에 의해 운영되는 공간이라 설명하였다. 반면 생활세계는 구성원의 합리적 의사소통에 의해 움직이는 곳이므로 의사소통과 공론의 형성이 무엇보다 중요하다고 설명하였다. 하버마스는 권력과 돈의 논리 등이 생활세계를 식민화하고 의사소통에 의한 공론장의 운영을 방해할 경우 사회 문제를 집단 지성에 기반한 합리적 해결이 어려워질 것이라고 설명하였다.

하버마스의 사상은 모든 사회의 문제 해결 창구가 법원의 소송, 공적 기관에의 민원 제기 등으로 단순화되는 현대 사회의 모습에 큰 깨우침을 준다. 대화를 통해 서로의 생각을 확인하고 한 발 물러서서 양보하는 과정 등을 통해 문제의 맥락을 확인하는 과정은 승자독식형이 아닌 모두가 수용하는 문제 해결 방식을 만들어 낼 수 있다. 협상과 타협 등을 통한 집단 지성이 반영된 해결 방식은 소송이나 민원에 의한 방식보다 질적 수준이 높을 수밖에 없으며, 생명력 또한 길다. 또 이러한 과정을 통해 만들어진 문제 해결 방식은 사회 구성원이 모두 충분히 받아들일 수 있게 된다. 결국 공론장을 통해 만들어지는 문제 해결 방식은 다른 문제 해결 방식보다 사회적 생명력도 길 것임을 쉽게 예측할 수 있다.

'법은 최소한의 도덕'이라는 표현이 있다. 우리가 현실에서 만나는 다양한 문제 해결에 있어서도 법은 최후의, 최소한의 해결 방식이어야 한다. 그리고 그보다 앞서서 적용되어야 할 문제 해결 방식은 대화와 토론, 협의 등에 의해 도출된 방식이어야 하며 집단 지성을 통해 만들어진, 모두가 양보하고 모두가 수용한 문제 해결 방식이어야 한다. 하버마스가 이야기한 '의사소통 합리성이 지배한 공론장'이 우리가 현실에서 마주하는 여러 문제에 대한 해결 방안을 만들어 내는 새로운 시민 시민 사회의 공간이 되었으면 하는 바람이다.

사회학적 사고가 여러분의 삶에 '아메리카노 한 잔'처럼 스며들길 바라며

우리는 하루하루 날이 다르게 변화하는 세상에서 살고 있다. 힐링과 플렉스(flex) 문화, 수저 계급 이야기, 부동산 투자 광풍, 강남역 묻지마 살인 사건과 페미니즘, 게이머들의 트럭 시위와 마차 시위, 기업 채용 비리와 입시 성적 부풀리기, 코로나19의 확산과 사회 구조의 급격한 변화, 코인 광풍과 메타버스, 기후 변화와 ESG 경영, 러시아-우크라이나 전쟁, 저출산 고령화의 급격한 진행 등 다양한 이슈가 우리에게 영향을 주었고, 또 지금도 영향을 주고 있다.

사람은 사회적 동물이기 때문에 사회 속에서 정의될 수밖에 없다. 반대로 사회 역시 인간의 영향력에서 벗어날 수 없다. 인간이 만들어 낸 변화무쌍한 사회라는 공간을 특정한 법칙으로 설명하는 것은 상당히 어렵다. 주변 사람들의 생각이나 행동의 목적 등을 과학적 법칙이나 수학적 계산으로 설명하기 어렵듯이 말이다. 법칙을 이야기하며 인간의 미래가 어떤 모습일지를 확신하는 사람은 허풍쟁이 혹은 강한 신념을 가진 사람, 또는 사기꾼 중 하나일 가능성이 크다.

하지만 이와 반대로 인간이 살아온 유구한 시간적 흐름 속에는 어느 정도의 경향성이 존재해 왔던 것 또한 분명한 사실이다. 이기적 동물이라고만 생각했던 사람들이 타인을 위해 자신을 희생하는 모습, 사람들 간의 관계를 통해 어려운 과제를 해결해 나가는 모습, 특정한 공간 속에서 연대하며 살아가는 모습, 제한된 자원을 놓고 경쟁하는 모습 등 구체적인 모습은 다르지만 본질적으로 유사한 사회 현상은 어느 시대에든 존재해 왔다.

사회학이 우리 삶에서 의미를 가질 수 있는 이유는 변화무쌍한 사회 공간 속에서 발생하는 여러 현상이 본질적으로 항상 유사한 부분을 드러내고 있기 때문이다. 사회학은 미래 사회가 어떤 모습일지를 알려주는 학문이 아니다. 과거에 일어났던 다양한 사건들을 비판적으로 분석하고 이를 바탕으로 미래에 우리가 마주할 문제들을 어떻게 해석하고 바라보아야 할 것인지, 그 방법을 알려 주는 학문이다. 사회학 이야기를 할 때 '비판'이라는 단어가 빠질 수 없는 이유가 바로 여기에 있다.

6,900원짜리 마트 표 치킨 이슈를 한번 상상해 보자. 어떤 사람들은 6,900원짜리 마트 표 치킨을 사 먹을 수밖에 없을 정도로 지나치게 높아진 한국 사회의 생활물가 수준을 논하고 또 다른 사람은 대형 마트에서 내놓은 저렴한 치킨 상품이 골목 상권을 무너뜨리고 영세 사업자들을 경제적 빈곤 상황에 내몰 것이라고 걱정하기도 한다. 이보다 좀 더 넓은 관점에서 프랜차이즈 기업이 높은 마진율을 유지하는 과정에서 프랜차이즈 치킨의 가격이 지나치게 비싸졌고, 이것이 6,900원짜리 마트 표 치킨의 인기를 만들어 냈다는 분석을 내놓는 사람도 있다. 치킨에 대한 사람

들의 생각은 각기 다르지만 이들을 하나로 묶어 줄 수 있는 단어는 바로 '비판'이다. 6,900원짜리 마트 표 치킨에 대한 논리적 분석 과정에서 사람들은 그 현상이 사회 속에서 갖는 의미를 찾고, 그것이 미래에 우리에게 어떤 영향을 끼칠지 예측할 수 있는 힘을 얻게 된다.

최근의 우리 사회 변화상을 살펴보면 변화 속도가 빨라도 너무 빨라 그 속도를 따라가는 것 자체가 약간 버겁지 않았나 하는 생각이 든다. 아마 앞으로도 이런 변화 양상은 계속 이어질 것이다. 앞으로 우리에게 요구되는 능력은 정답을 기억하는 능력이 아닌, 개개인에게 주어진 상황 속에서 정답을 '찾아가는' 능력이 아닐까 싶다. 우리가 생활 속에서 만나는 문제들의 모습은 너무나도 다양해 공통된 정답을 찾는다는 것 자체가 어려울 지경이다.

원고를 마무리하던 2022년 10월 29일 밤, 이태원 해밀톤호텔 옆 골목에서 다중 밀집으로 인한 압사 사고가 일어났다. 이 사고로 350명이 넘는 사상자가 발생했고, 그 대다수가 20대였다. 사건도 사건이었지만 이후 우리 사회의 대응 방식은 좀 더 잔인했다. 사람들은 '누칼협(누가 칼 들고 놀러 가라고 협박함?)' 등의 단어를 사용하며 사고의 책임을 희생자들에게 돌렸고, 국가는 '법적 책임 근거가 미비'하다는 점을 들면서 책임을 회피하는 모습을 보였다.

이태원 압사 사고 자체는 삼풍, 씨랜드, 세월호 등 많은 목숨을 앗아간 참사와 유사한 구조를 취하고 있다. 그리고 그 중심에는 인간이 만든 효율적 통치 방식인 관료제와 합리적 의사결정 구조가 자리 잡고 있다. 효율적 통치 구조인 관료제가 국가 책무 범위를 모호하게 만들고 그것이 다른 참사에서 나타났던 '위험 사회'의 모습을 다시 한번 만들어 낸 것 같아 씁쓸한 느낌이 든다.

일부 사회 구성원들이 희생자를 조롱하거나 사고 책임을 희생자에게 돌리는 모습을 보면 사회 자본이 상실된 우리 사회의 모습을 보여주는 것 같아 가슴이 무거워진다. 많은 희생자를 가져온 이번 참사가 관료제적 국가 시스템을 정비하고, 사회 속에서 사라지고 있는 사회 자본을 회복시킬 수 있는 계기가 되길 간절히 소망한다.

여러분들과 책을 통해 함께 나눈 '사회학' 이야기가 정답이거나 진리일 것이라고는 생각하지 않는다. 단지 이 책을 통해 나눈 이야기가 여러분 머릿속에 새로운 지적 호기심이 자리 잡는 계기가 되었으면 하는 바람이다. 우리가 살아가는 이 사회는 너무나도 복잡하지만, 한편으로는 또 매력적인, 그리고 도처에 우리가 찾아내야 할 행복이 숨어 있는 공간이니까.

사회학적 상상력과 비판적 상상력이 여러분의 삶에 가벼운 아메리카노 한 잔처럼 쓰면서도 달콤한 새로운 삶의 경험으로 다가가길 바라는 마음을 이렇게 문장으로나마 전해 본다.

참고문헌

곽한영, 『게임의 법칙』(창비, 2016)

최장집, 『민주화 이후의 민주주의』(후마니타스, 2010)

C. 라이트 밀즈, 『사회학적 상상력』, 이해찬 옮김(돌베개, 2004)

김경동, 『현대의 사회학』, 이해찬 옮김(박영사, 2008)

루스 베네딕트, 『국화와 칼』, 김윤식 등 옮김(을유문화사, 2019)

최샛별, 『문화사회학으로 바라본 한국의 세대 연대기』(이화여자대학교출판문화원, 2018)

박선미 · 김희순, 『빈곤의 연대기』(갈라파고스, 2015)

한국일보 우리시대의마이너리티팀, 『우리 시대의 마이너리티』(북콤마, 2021)

조지 리처, 『맥도날드 그리고 맥도날드화』, 김종덕 등 옮김(풀빛, 2017)

교육트렌드2022집필팀, 『대한민국 교육 트렌드 2022』(에듀니티, 2021)

홍익표 · 진시원, 『세계화 시대의 정치학』(오름, 2015)

박형남, 『법정에서 못다한 이야기』(휴머니스트, 2015)

법무법인 고운, 『법대로 하겠습니다』(영진미디어, 2021)

권온 등, 『한국의 다문화 공간』(현암사, 2011)

새뮤얼 스마일즈, 『새뮤얼 스마일즈의 자조론』, 공병호 옮김(비즈니스북스, 2006)

박권일, 『한국의 능력주의』(이데아, 2021)

어빙 고프먼, 『자아 연출의 사회학』, 진수미 옮김(현암사, 2016)

한상복 등, 『문화인류학』(서울대학교출판문화원, 2011)

고영재, 『당신이 알던 MBTI는 진짜 MBTI가 아니다』(인스피레이션, 2022)

앤서니 기든스 등, 『현대 사회학』, 김미숙 등 옮김(을유문화사, 2018)

앤서니 기든스 등, 『사회학의 핵심 개념들』, 김미숙 등 옮김(동녘, 2022)

한국비판사회학회, 『사회학』 (한울아카데미, 2020)

아야베 쓰네오, 『문화인류학의 20가지 이론』 (일조각, 2009)

손수호, 『사람이 싫다』 (브레인스토어, 2021)

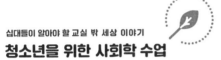

십대들이 알아야 할 교실 밖 세상 이야기
청소년을 위한 사회학 수업

초판 1쇄 발행 2022년 12월 15일
초판 2쇄 발행 2023년 6월 30일

지은이 정선렬
펴낸이 임태순
펴낸곳 도서출판 행복
출판등록 2018년 5월 17일 제2018-000087호
주소 경기도 고양시 일산서구 탄현로 136
전자우편 hang-book@naver.com
블로그 blog.naver.com/hang-book
전화 031-979-2826
팩스 0303-3442-2826

값 17,800원

ⓒ 2022. 정선렬

ISBN 979-11-980587-1-3 43300